Cuaderno de práctica de los e

Para el hogar o la escuela

Grado K

INCLUYE:

- Práctica para el hogar o la escuela
- Práctica de las lecciones y preparación para las pruebas
- Cartas para la casa en español y en inglés
- Preparación para las lecciones de Grado 1

HOUGHTON MIFFLIN HARCOURT

Printed in the U.S.A.

ISBN 978-0-547-65076-0

9 10 11 12 13 1689 20 19 18 17 16 15 14

4500464710   ^ B C D E F G

ÁREA DE ATENCIÓN: Números y operaciones

Área de atención Representing, relating, and operating on whole numbers, initially with sets of objects

1 Representar, contar y escribir números del 0 al 5

Área Conteo de cantidades
Operaciones y razonamiento algebraico

Estándares comunes CC.K.CC.3, CC.K.CC.4a, CC.K.CC.4b, CC.K.OA.3

2 Comparar números hasta el 5

Área Conteo de cantidades

Estándares comunes CC.K.CC.6

iii

5 La suma

Área Operaciones y razonamiento algebraico

Estándares comunes CC.K.OA.1, CC.K.OA.2, CC.K.OA.3, CC.K.OA.4, CC.K.OA.5

6 La resta

Área Operaciones y razonamiento algebraico

Estándares comunes CC.K.OA.1, CC.K.OA.2, CC.K.OA.5

7

Representar, contar y escribir del 11 al 19

Área Conteo de cantidades
Números y operaciones de base diez

Estándares comunes CC.K.CC.3, CC.K.NBT.1

Geometría y posiciones

COMMON CORE · **Área de atención** Describing shapes and space

8 Representar, contar y escribir de 20 en adelante

Áreas Conteo de cantidades
Estándares comunes CC.K.CC.1, CC.K.CC.2, CC.K.CC.3, CC.K.CC.5, CC.K.CC.6

9 Identificar y describir figuras bidimensionales

Área Geometría
Estándares comunes CC.K.G.2, CC.K.G.4, CC.K.G.6

10 Identificar y describir figuras tridimensionales

Área Geometría

Estándares comunes CC.K.G.1, CC.K.G.2, CC.K.G.3, CC.K.G.4

 ÁREA DE ATENCIÓN # Medidas y datos

 COMMON CORE — **Área de atención** Representing, relating, and operating on whole numbers, initially with sets of objects

Recursos para el final del año

Preparación para el Grado 1

En estas lecciones se repasan destrezas importantes y te preparan para Grado 1.

© Houghton Mifflin Harcourt Publishing Company

School-Home Letter

Dear Family,

My class started Chapter 1 this week. In this chapter, I will show, count, and write numbers 0 to 5.

Love, _____

Vocabulary

one a number for a single object

two one more than one

Home Activity

Use this five frame and counters, such as buttons. Have your child place counters in the five frame to show the numbers 0 to 5. For 0, have your child place one counter in the five frame, and then remove it. Together, practice writing the numbers 0 to 5.

Literature

Look for this book in a library. This book will reinforce your child's counting skills.

Fish Eyes : A Book You Can Count On
by Lois Ehlert. Voyager Books, 1992.

Carta
para la casa

Querida familia:

Esta semana empezamos con el Capítulo 1. En este capítulo voy a mostrar, contar y escribir números del 0 al 5.

Atentamente, _____

Vocabulario

uno el número de un solo objeto

dos uno más que uno

Actividad para la casa

Utilice este cuadro de cinco y fichas, tales como botones. Pida a su niño que ponga fichas en las casillas para mostrar los números del 0 al 5. Para el caso del 0, pídale que ponga una ficha en el cuadro de cinco y luego que la quite. Juntos, practiquen la escritura de los números del 0 al 5.

Literatura

Busque este libro en la biblioteca. Este libro reforzará las destrezas de conteo de su niño.

Fish Eyes: A Book You Can Count On por Lois Ehlert. Voyager Books, 1992.

Nombre _____

Hacer un modelo y contar 1 y 2

ESTÁNDARES COMUNES CC.K.CC.4.a
Count to tell the number of objects.

dos
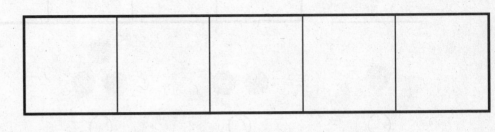

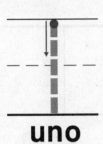
uno
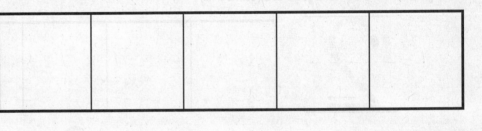

dos
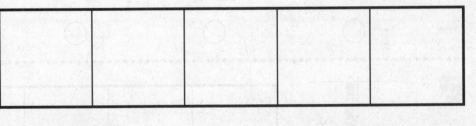

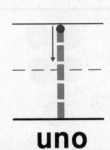
uno
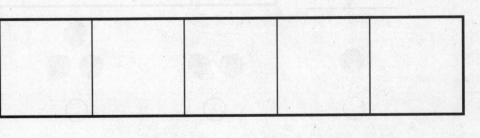

INSTRUCCIONES 1–4. Di el número. Cuenta cuántas fichas hay en el cuadro de cinco. Dibuja las fichas.

Revisión de la lección (CC.K.CC.4.a)

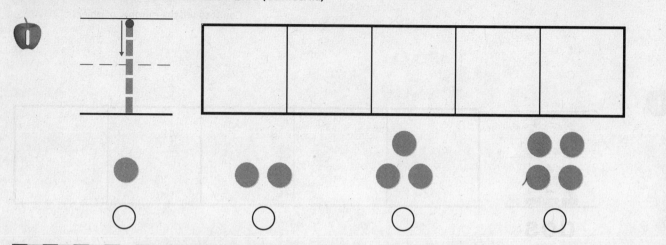

Repaso en espiral (CC.K.CC.4.a)

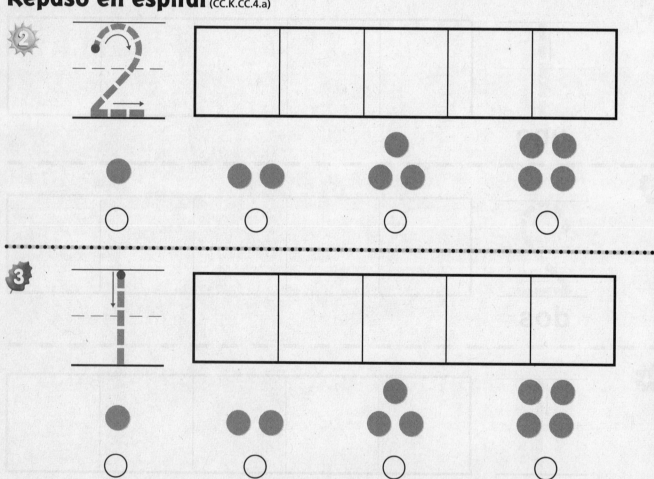

INSTRUCCIONES 1–3. Traza el número. ¿Cuántas fichas pondrías en el cuadro de cinco para mostrar el número? Marca tu respuesta. **(Lección 1.1)**

Nombre _____

Contar y escribir 1 y 2

ESTÁNDARES COMUNES CC.K.CC.3
Know number names and the count
sequence.

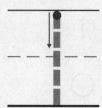

INSTRUCCIONES   1–4. Cuenta y di cuántos hay. Escribe el número.

Revisión de la lección (CC.K.CC.3)

1

1	2	3	4
○	○	○	○

Repaso en espiral (CC.K.CC.4.a)

2

○   ○   ○   ○

3

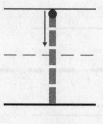 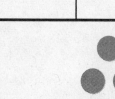

○   ○   ○   ○

INSTRUCCIONES **1.** Cuenta y di cuántos cubos hay. Marca tu respuesta. **(Lección 1.2)** **2–3.** Traza el número. ¿Cuántas fichas pondrías en el cuadro de cinco para mostrar el número? Marca tu respuesta. **(Lección 1.1)**

Hacer un modelo y contar 3 y 4

ESTÁNDARES COMUNES CC.K.CC.4.a
Count to tell the number of objects.

1
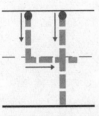

tres

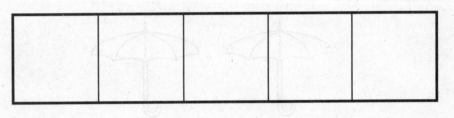

2

cuatro

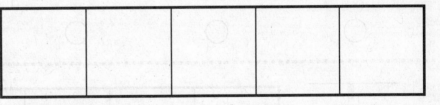

3

tres

4

cuatro

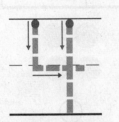
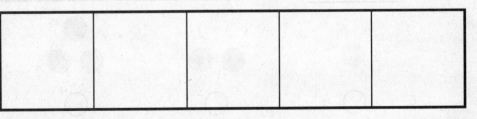

INSTRUCCIONES 1–4. Di el número mientras lo trazas.
Cuenta esa cantidad en el cuadro de cinco. Dibuja las fichas.

Revisión de la lección (CC.K.CC.4.a)

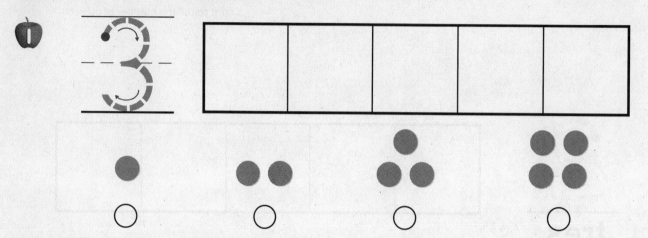

Repaso en espiral (CC.K.CC.3, CC.K.CC.4.a)

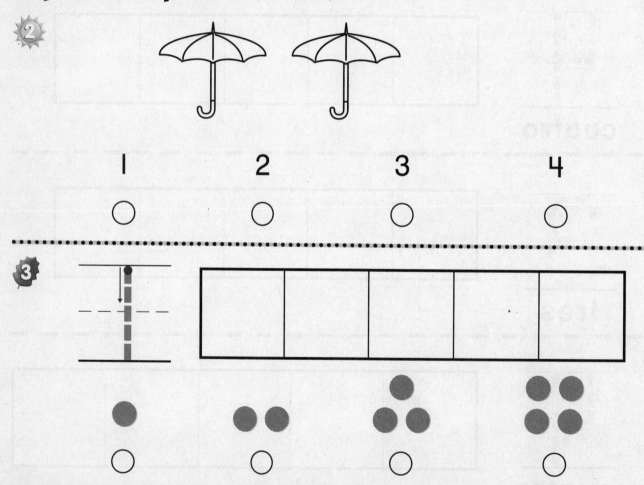

© Houghton Mifflin Harcourt Publishing Company

INSTRUCCIONES   1. Traza el número. ¿Cuántas fichas pondrías en el cuadro de cinco para mostrar el número? Marca tu respuesta. **(Lección 1.3)   2.** Cuenta y di cuántos paraguas hay. Marca tu respuesta. **(Lección 1.2)   3.** Traza el número. ¿Cuántas fichas pondrías en el cuadro de cinco para mostrar el número? Marca tu respuesta. **(Lección 1.1)**

Nombre _____

Contar y escribir 3 y 4

ESTÁNDARES COMUNES CC.K.CC.3
Know number names and the count sequence.

 1

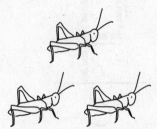

3

 **2**

_____

- - - - - - - - -

_____

3

_____

- - - - - - - - -

_____

4

_____

- - - - - - - - -

_____

5

_____

- - - - - - - - -

_____

6

_____

- - - - - - - - -

_____

INSTRUCCIONES 1–6. Cuenta y di cuántos hay. Escribe el número.

Revisión de la lección (CC.K.CC.3)

1

○   ○   ○   ○

Repaso en espiral (CC.K.CC.3, CC.K.CC.4.a)

2

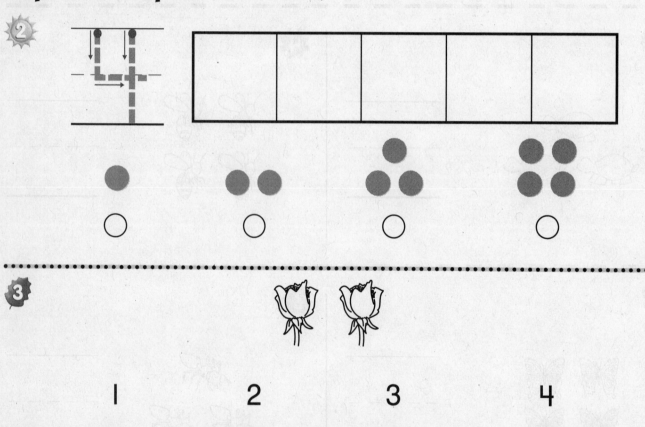

○   ○   ○   ○

3

1   2   3   4

○   ○   ○   ○

INSTRUCCIONES   1. Cuenta y di cuántas mariposas hay. Marca tu respuesta. **(Lección 1.4)   2.** Traza el número. ¿Cuántas fichas pondrías en el cuadro de cinco para mostrar el número? Marca tu respuesta. **(Lección 1.3)   3.** Cuenta y di cuántas flores hay. Marca tu respuesta. **(Lección 1.2)**

Nombre _____

Hacer un modelo y contar 5

ESTÁNDARES COMUNES CC.K.CC.4.a
Count to tell the number of objects.

1

2

3

4

INSTRUCCIONES 1. Pon fichas para mostrar cinco. Dibuja las fichas y escribe el número. **2.** Pon fichas para mostrar tres. Dibuja las fichas y escribe el número. **3.** Pon fichas para mostrar cuatro. Dibuja las fichas y escribe el número. **4.** Pon fichas para mostrar cinco. Dibuja las fichas y escribe el número.

Capítulo 1

Revisión de la lección (CC.K.CC.4.a)

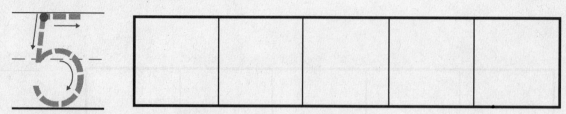

 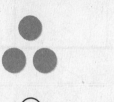 

◯   ◯   ◯   ◯

Repaso en espiral (CC.K.CC.3)

1   2   3   4

◯   ◯   ◯   ◯

1   2   3   4

◯   ◯   ◯   ◯

INSTRUCCIONES 1. Traza el número. ¿Cuántas fichas pondrías en el cuadro de cinco para mostrar el número? Marca tu respuesta.
(Lección 1.5) 2. Cuenta y di cuántos autos hay. Marca tu respuesta.
(Lección 1.4) 3. Cuenta y di cuántos peces hay. Marca tu respuesta. (Lección 1.2)

Contar y escribir 5

ESTÁNDARES COMUNES CC.K.CC.4.b
Count to tell the number of objects.

1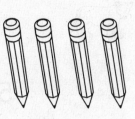

_ _ _ _ _

_____

2

_ _ _ _ _

_____

3

_ _ _ _ _

_____

4

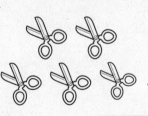

_ _ _ _ _

_____

5

_ _ _ _ _

_____

6

_ _ _ _ _

_____

INSTRUCCIONES   1–6. Cuenta y di cuántos hay. Escribe el número.

Revisión de la lección (CC.K.CC.4.b)

2 ○

3 ○

4 ○

5 ○

Repaso en espiral (CC.K.CC.4.a, CC.K.CC.3)

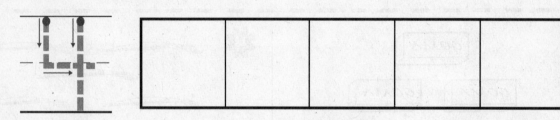

○

○

○

○

2 ○

3 ○

4 ○

5 ○

INSTRUCCIONES **1.** Cuenta y di cuántos animales hay. Marca tu respuesta. (Lección 1.6) **2.** Traza el número. ¿Cuántas fichas pondrías en el cuadro de cinco para mostrar el número? Marca tu respuesta. (Lección 1.3) **3.** Cuenta y di cuántos trozos de salchichón hay. Marca tu respuesta. (Lección 1.2)

Álgebra • Maneras de formar 5

ESTÁNDARES COMUNES CC.K.OA.3

Understand addition as putting together and adding to, and understand subtraction as taking apart and taking from.

1

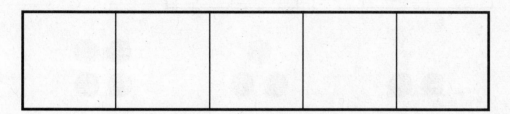

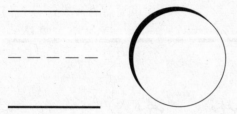 y

2

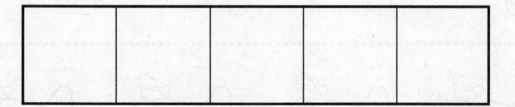

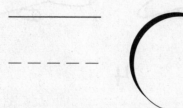 y

INSTRUCCIONES   1–2. Usa dos colores de fichas para mostrar una manera de formar 5. Colorea para mostrar las fichas. Escribe el par de números que forman 5.

Revisión de la lección (CC.K.OA.3)

1

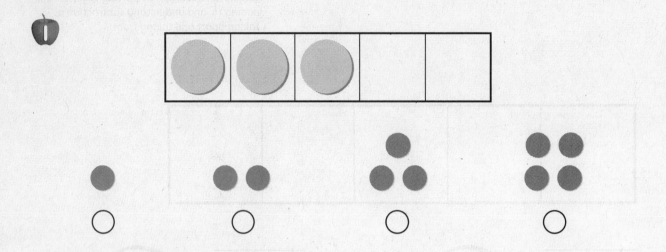

Repaso en espiral (CC.K.CC.4.b, CC.K.CC.3)

2

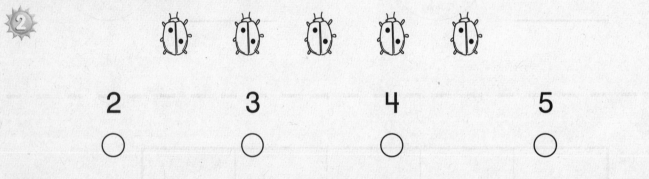

    2   3   4   5

  ○   ○   ○   ○

3

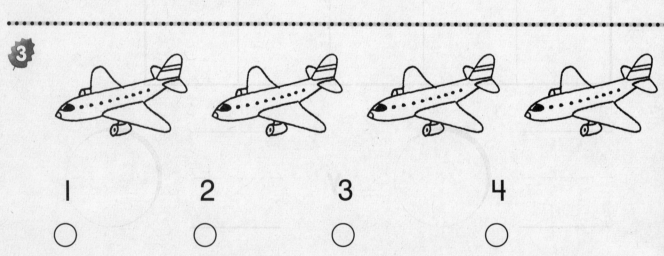

    1   2   3   4

  ○   ○   ○   ○

INSTRUCCIONES 1. ¿Cuántas fichas pondrías en el cuadro de cinco para mostrar una manera de formar 5? Marca tu respuesta. **(Lección 1.8)** 2. Cuenta y di cuántas catarinas hay. Marca tu respuesta. **(Lección 1.6)** 3. Cuenta y di cuántos aviones hay. Marca tu respuesta. **(Lección 1.4)**

Contar y ordenar hasta 5

ESTÁNDARES COMUNES CC.K.CC.4.c
Count to tell the number of objects.

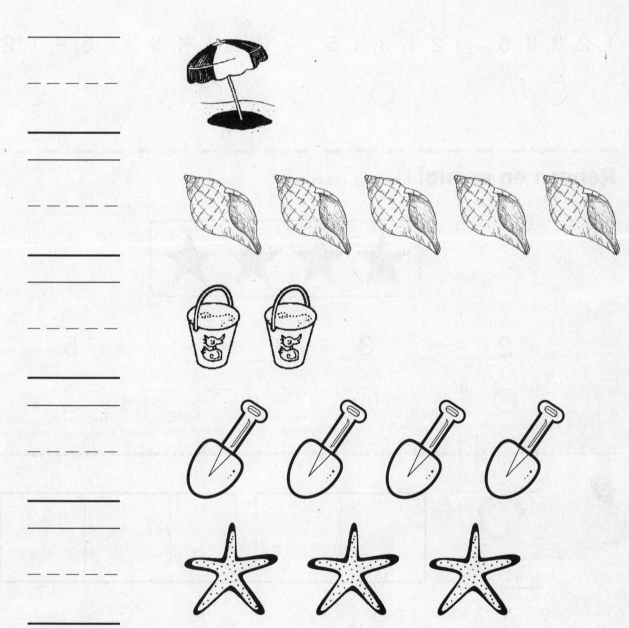

INSTRUCCIONES 1. Cuenta los objetos de cada conjunto. Escribe el número. Escribe esos números en orden, empezando por el número 1.

Revisión de la lección (CC.K.CC.4.c)

 1

1, 2, 3, 4, 5   2, 1, 3, 4, 5   3, 2, 1, 4, 5   5, 4, 1, 2, 3

○   ○   ○   ○

Repaso en espiral (CC.K.CC.3.c, CC.K.CC.4.a)

2

2   3   4   5

○   ○   ○   ○

3

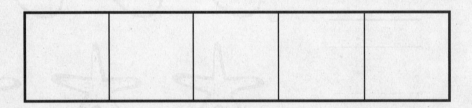

○   ○   ○   ○

INSTRUCCIONES **1.** ¿Qué conjunto de números está en orden? Marca
tu respuesta. **(Lección 1.8)** **2.** Cuenta y di cuántas estrellas hay. Marca tu
respuesta. **(Lección 1.4)** **3.** Traza el número. ¿Cuántas fichas pondrías en el
cuadro de cinco para mostrar el número? Marca tu respuesta. **(Lección 1.3)**

Nombre _____

Resolución de problemas •
Comprensión del 0

ESTÁNDARES COMUNES CC.K.CC.3
Know number names and the count sequence.

INSTRUCCIONES Usa fichas para hacer modelos de estos problemas. **1.** Oliver tiene una caja de jugo. Lucy tiene una caja de jugo menos que Oliver. ¿Cuántas cajas de jugo tiene Lucy? Escribe el número. **2.** Jessica no tiene libros. Wesley tiene 2 libros más que Jessica. ¿Cuántos libros tiene Wesley? Escribe el número.

Capítulo 1

Revisión de la lección (CC.K.CC.3)

 1

0	1	2	3
○	○	○	○

Repaso en espiral (CC.K.CC.3)

 2

2	3	4	5
○	○	○	○

 3

0	1	2	3
○	○	○	○

INSTRUCCIONES **1.** Eva tiene 2 manzanas en su canasta. Se come 1 manzana y le da 1 manzana a su amigo. ¿Cuántas manzanas le quedan a Eva? Marca tu respuesta. **(Lección 1.9)** **2.** Cuenta y di cuántos cubos hay. Marca tu respuesta. **(Lección 1.4)** **3.** Cuenta y di cuántas ardillas hay. Marca tu respuesta. **(Lección 1.2)**

Nombre _____

Identificar y escribir 0

ESTÁNDARES COMUNES CC.K.CC.3
Know number names and the count sequence.

 1

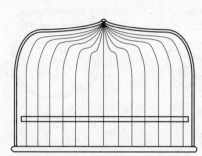

_____

- - - - - - -

_____

 2

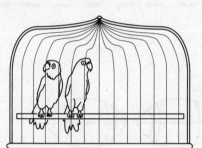

_____

- - - - - - -

_____

 3

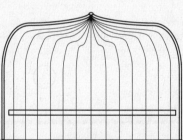

_____

- - - - - - -

_____

 4

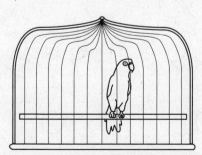

_____

- - - - - - -

_____

INSTRUCCIONES   1–4. ¿Cuántos pájaros hay en la jaula? Escribe el número. Encierra en un círculo las jaulas que tengan 0 pájaros.

Revisión de la lección (CC.K.CC.3)

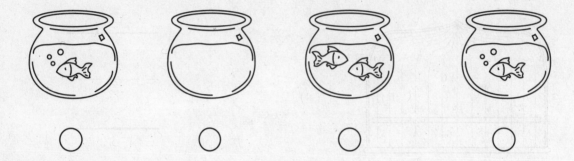

○   ○   ○   ○

Repaso en espiral (CC.K.CC.4a, CC.K.CC.4b)

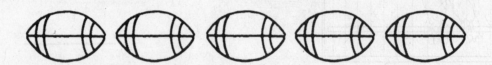

2   3   4   5

○   ○   ○   ○

○   ○   ○   ○

INSTRUCCIONES 1. ¿Qué pecera tiene 0 peces? Marca tu respuesta.
(Lección 1.10) 2. Cuenta y di cuántas pelotas de fútbol americano hay.
Marca tu respuesta. **(Lección 1.6) 3.** ¿En qué grupo hay 5 objetos? Marca tu
respuesta **(Lección 1.5)**

ESTÁNDARES COMUNES K.CC.4a, K.CC.3, K.CC.4b, K.CC.5, K.CC.4c

Práctica adicional del Capítulo 1

Lecciones 1.1 – 1.6 (pp. 13 – 36) . . . .

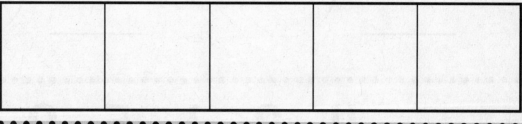

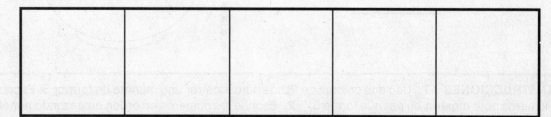

INSTRUCCIONES   1–3. Pon una ficha en cada objeto del conjunto mientras cuentas. Di cuántas fichas hay. Escribe el número. Pon las fichas dentro del cuadro de cinco. Dibuja las fichas.

❶

_____ ◯ y _____ ◯

❷

4, 3, 1, 5, 2

❸

❹

INSTRUCCIONES **1.** Usa dos colores de fichas para mostrar una manera de formar 5. Escribe los números para mostrar un par que forme 5. **2.** Escribe los números en orden empezando por el número 1. **3.** Haz un modelo de este problema usando fichas. Anna tiene 2 naranjas en la bolsa. Regala varias naranjas y se queda sin naranjas. ¿Cuántas naranjas regaló? Escribe el número. **4.** Escribe el número para mostrar cuántos peces hay en la pecera.

School-Home Letter

Chapter 2

Dear Family,

My class started Chapter 2 this week. In this chapter, I will learn how to build and compare sets to help me compare numbers.

Love, _____

Vocabulary

same number

○ ○
△ △
There are the same number of circles and triangles.

greater

○ ○ ○
△ △
The number of circles is greater than the number of triangles.

less

○ ○
△ △ △
The number of circles is less than the number of triangles.

Home Activity

Gather two sets of five household items. Line some of them up on a table in two groups of different quantities. Ask your child to count and tell you how many are in each set. Have your child point to the set that has the greater number of objects. Then ask your child to point to the set with the number of objects that is less.

Change the number in each group and repeat the activity.

Literature

Look for this book in the library. It will help reinforce the concepts of comparing.

More, Fewer, Less by Tana Hoban. Greenwillow Books, 1998.

© Houghton Mifflin Harcourt Publishing Company

Carta
para la casa

Querida familia:

Mi clase comenzó el Capítulo 2 esta semana. En este capítulo aprenderé a construir y comparar conjuntos como ayuda para comparar números.

Con cariño, _____

Vocabulario

igual número

○ ○
△ △

Hay igual número de círculos y triángulos.

mayor

○ ○ ○
△ △

El número de círculos es mayor que el número de triángulos.

menor

○ ○
△ △ △

El número de círculos es menor que el número de triángulos.

Actividad para la casa

Reúna dos conjuntos con cinco elementos de la casa. Alinee sobre la mesa algunos de ellos en dos grupos de cantidades diferentes. Pida a su niño que cuente y diga cuántos hay en cada conjunto. Dígale que señale el conjunto que tiene el mayor número de objetos. Luego, pídale que señale el conjunto con el menor número de objetos.

Cambie el número en cada grupo y repita la actividad.

Literatura

Busque este libro en la biblioteca. Este libro ayudará a su niño a reforzar los conceptos de comparar.

More, Fewer, Less
por Tana Hoban.
Greenwillow Books, 1998.

Nombre _____

Igual número

ESTÁNDARES COMUNES CC.K.CC.6
Compare numbers.

❶

_____

‒ ‒ ‒ ‒

_____

_____

‒ ‒ ‒ ‒

_____

INSTRUCCIONES **1.** Compara el conjunto de objetos. ¿El número de delfines es mayor, menor o igual que el número de tortugas? Cuenta cuántos delfines hay. Escribe el número. Cuenta cuántas tortugas hay. Escribe el número. Explica a un amigo lo que sabes sobre el número de objetos en cada conjunto.

Revisión de la lección (CC.K.CC.6)

 1

○   ○   ○   ○

Repaso en espiral (CC.K.CC.3, CC.K.CC.4.a)

 2

○   ○   ○   ○

 3

 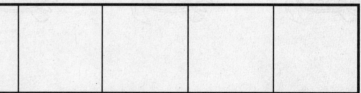

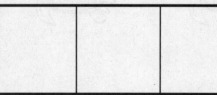

○   ○   ○   ○

INSTRUCCIONES I. ¿Qué conjunto muestra un número igual de osos que
de carritos? Marca tu respuesta. **(Lección 2.1) 2.** ¿Qué jaula tiene 0 pájaros?
Marca tu respuesta. **(Lección 1.7) 3.** Traza el número. ¿Cuántas fichas pondrías
en el cuadro de cinco? Marca tu respuesta. **(Lección 1.1)**

Nombre _____

Mayor que

ESTÁNDARES COMUNES CC.K.CC.6
Compare numbers.

1

A   A   R   R

R

_____   _____

- - - - -   - - - - -

_____   _____

2

A   A   R

                    R

A   A   R

_____   _____

- - - - -   - - - - -

_____   _____

INSTRUCCIONES   1-2. Pon las fichas como se muestran. A significa amarillas y R significa rojas. Cuenta y di cuántas hay en cada conjunto. Escribe los números. Encierra en un círculo el número mayor.

Capítulo 2

veintinueve **P29**

Revisión de la lección (CC.K.CC.6)

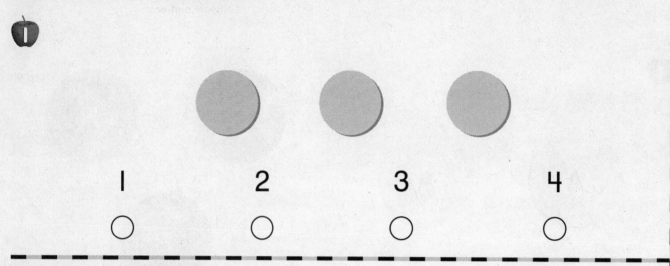

1 ○   2 ○   3 ○   4 ○

Repaso en espiral (CC.K.CC.4.a)

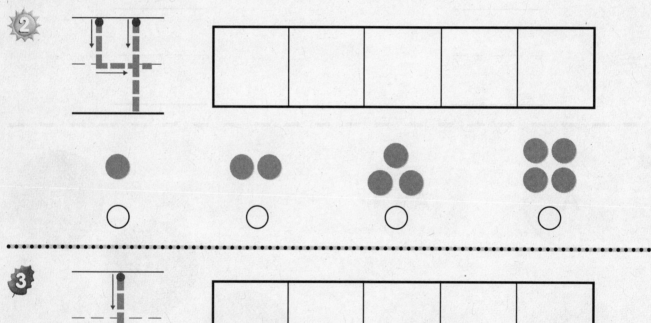

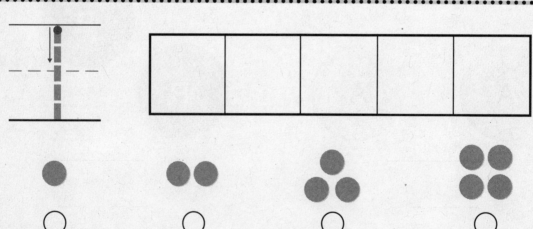

INSTRUCCIONES 1. Marca el número mayor que el número de fichas.
(Lección 2.2) 2–3. Traza el número. ¿Cuántas fichas pondrías en el cuadro de cinco
para mostrar el número? Marca la respuesta. (Lecciones 1.3, 1.1)

P30 treinta

Menor que

ESTÁNDARES COMUNES CC.K.CC.6
Compare numbers.

_____

_ _ _ _ _ _ _

_____

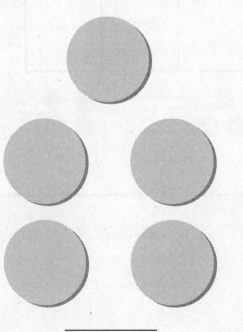 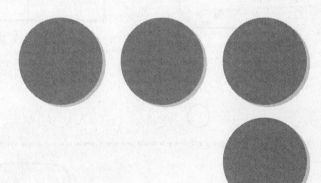

_____   _____

_ _ _ _ _ _ _   _ _ _ _ _ _ _

_____   _____

INSTRUCCIONES   1–2. Cuenta y di cuántos hay en cada conjunto.
Escribe los números. Compara los números. Encierra en un círculo el
número menor.

Capítulo 2

Revisión de la lección (CC.K.CC.6)

1

2	3	4	5
◯	◯	◯	◯

Repaso en espiral (CC.K.CC.4.a, CC.K.CC.4.b)

2

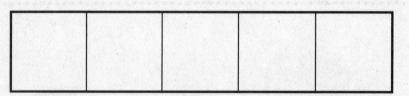

3

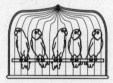

2	3	4	5
◯	◯	◯	◯

INSTRUCCIONES **1.** Marca bajo el número menor que el número de fichas.
(Lección 2.3) **2.** Traza el número. ¿Cuántas fichas pondrías en el cuadro de cinco para
mostrar el número? Marca tu respuesta. **(Lección 1.3)** **3.** Cuenta cuántos pájaros hay.
Marca tu respuesta. **(Lección 1.6)**

P32 treinta y dos

Resolución de problemas • Emparejar para comparar conjuntos hasta 5

ESTÁNDARES COMUNES CC.K.CC.6
Compare numbers.

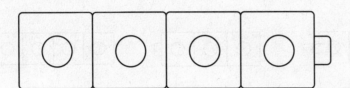

_____

- - - - - - - - - - - -

_____

_____

- - - - - - - - - - - -

_____

- -

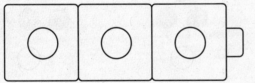

- - - - - - - - - - - -

_____

_____

- - - - - - - - - - - -

_____

INSTRUCCIONES 1. ¿Cuántos cubos hay? Escribe el número. Haz el modelo de un tren de cubos que tenga un número de cubos mayor que 4. Dibuja el tren de cubos y escribe cuántos hay. Empareja para comparar los trenes de cubos. Explícale a un amigo los trenes de cubos. **2.** ¿Cuántos cubos hay? Escribe el número. Haz el modelo de un tren que tenga un número de cubos menor que 3. Dibuja el tren de cubos y escribe cuántos hay. Empareja para comparar los trenes de cubos. Explícale a un amigo los trenes de cubos.

Revisión de la lección (CC.K.CC.6)

1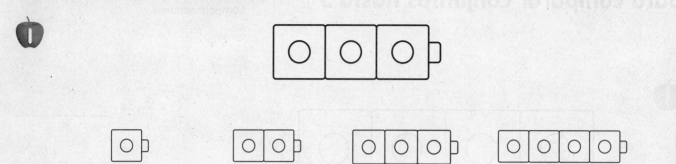

○   ○   ○   ○

Repaso en espiral (CC.K.CC.4.a)

2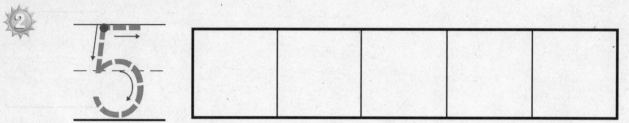

○   ○   ○   ○

3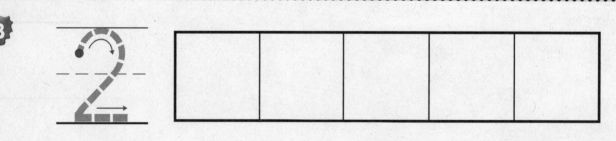

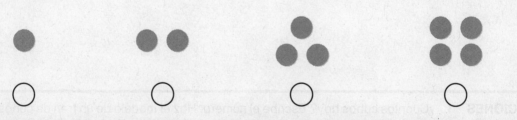

○   ○   ○   ○

INSTRUCCIONES **I.** ¿Qué tren tiene un número de cubos mayor que 3? Marca tu respuesta. **(Lección 2.4)** **2–3.** Traza el número. ¿Cuántas fichas pondrías en el cuadro de cinco para mostrar el número? Marca tu respuesta. **(Lección 1.5, 1.1)**

Nombre _____

Comparar contando conjuntos de hasta 5

ESTÁNDARES COMUNES CC.K.CC.6
Compare numbers.

1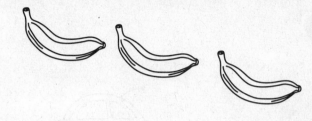

_____

- - - - - - - - - - -

_____

2

- - - - - - - - - - -

_____

3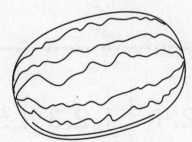

_____

- - - - - - - - - - -

_____

INSTRUCCIONES   1–2. Cuenta cuántos objetos hay en cada conjunto. Escribe los números. Compara los números. Encierra en un círculo el número mayor. **3.** Cuenta cuántos objetos hay en cada conjunto. Escribe los números. Compara los números. Encierra en un círculo el número menor.

Revisión de la lección (CC.K.CC.6)

1   2   3   4

○   ○   ○   ○

Repaso en espiral (CC.K.CC.3, CC.K.CC.4.c)

1   2   3   4

○   ○   ○   ○

5, 3, 1, 2, 4	1, 2, 3, 4, 5	3, 4, 5, 2, 1	1, 2, 5, 4, 3
○	○	○	○

INSTRUCCIONES 1. Marca el número menor que el número de
carros. (Lección 2.5) 2. Cuenta y di cuántos gatos hay. Marca tu
respuesta. (Lección 1.4) 3. ¿Qué conjunto de números está en orden?
Marca tu respuesta. (Lección 1.8)

Práctica adicional del Capítulo 2

Lecciones 2.1 – 2.2 (pp. 61 – 68)

1

_____

_____

2

 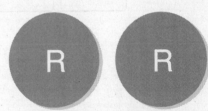

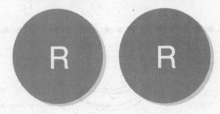

_____   _____

INSTRUCCIONES   1. Compara los conjuntos de objetos. ¿El número de loncheras es mayor, menor o igual que el número de mochilas? Cuenta cuántas loncheras hay. Escribe el número. Cuenta cuántas mochilas hay. Escribe el número. Explica a un amigo lo que sabes sobre el número de objetos de cada conjunto.   **2.** Pon las fichas como se muestran. A significa amarillas y R significa rojas. Cuenta y di cuántas hay en cada conjunto. Escribe los números. Encierra en un círculo el número mayor.

Capítulo 2   treinta y siete   **P37**

1

_____

- - - - - - - - - - -

_____

_____

- - - - - - - - - - -

_____

2

_____

- - - - - - - - - - -

_____

- - - - - - - - - - -

_____

3

_____

- - - - - - - - - - -

_____

_____

- - - - - - - - - - -

_____

INSTRUCCIONES **1.** Cuenta y di cuántos objetos hay en cada conjunto. Escribe y compara los números. Encierra en un círculo el número menor. **2.** ¿Cuántos cubos hay? Escribe el número. Haz el modelo de un tren que tenga un número de cubos menor que 4. Dibuja el tren de cubos y escribe cuántos hay. Empareja para comparar los trenes de cubos. Explícale a un amigo los trenes de cubos. **3.** Cuenta cuántos hay en cada conjunto. Escribe y compara los números. Encierra en un círculo el número mayor.

P38 treinta y ocho

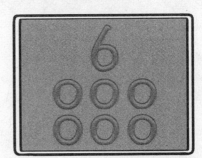

School-Home Letter

Dear Family,

My class started Chapter 3 this week. In this chapter, I will learn how to show, count, and write numbers 6 to 9.

Love, _____

Vocabulary

six one more than five

eight one more than seven

Home Activity

Pour salt or sand into a cookie sheet or baking dish. Pick a number from 6 to 9 and have your child draw the number in the salt or sand. Then ask your child to draw circles to match that number. Shake to erase and begin again!

Literature

Look for this book in the library. You and your child will enjoy this fun story that provides reinforcement of counting concepts.

Seven Scary Monsters by Mary Beth Lundgren. Clarion Books, 2003.

Carta
para la casa

Querida familia:

Mi clase comenzó el Capítulo 3 esta semana. En este capítulo aprenderé cómo mostrar, contar y escribir números del 6 al 9.

Con cariño, _____

Vocabulario

seis uno más que cinco

ocho uno más que siete

Actividad para la casa

Ponga sal o arena en una bandeja de horno. Elija un número del 6 al 9 y pida a su niño que dibuje el número en la sal o la arena. Luego, pídale que dibuje el mismo número de círculos. Sacuda la bandeja para borrar y ¡comiencen de nuevo!

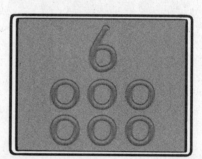

Literatura

Busque este libro en la biblioteca. Usted y su niño disfrutarán de este cuento divertido que proporciona un refuerzo para los conceptos de conteo.

Seven Scary Monsters
por Mary Beth Lundgren.
Clarion Books, 2003.

Nombre _____

Hacer un modelo y contar 6

ESTÁNDARES COMUNES CC.K.CC.5
Count to tell the number of objects.

1

6
seis

___ ◯

y

___ ◯

___ ◯

y

___ ◯

___ ◯

y

___ ◯

___ ◯

y

___ ◯

___

___

INSTRUCCIONES 1. Traza el número 6. Usa fichas de dos colores para hacer el modelo de las diferentes maneras de formar 6. Colorea para mostrar las fichas de abajo. Escribe para mostrar algunos pares de números que formen 6.

Capítulo 3

Revisión de la lección (CC.K.CC.5)

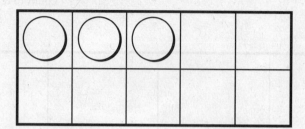

Repaso en espiral (CC.K.CC.3, CC.K.CC.6)

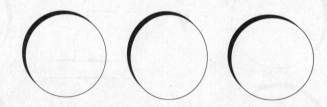

2   3   4   5

○   ○   ○   ○

1   2   3   4

○   ○   ○   ○

INSTRUCCIONES 1. ¿Cuántas fichas más pondrías para hacer el modelo de una manera de formar 6? Marca la respuesta. **(Lección 3.1)** 2. Marca el número menor que el número de fichas. **(Lección 2.3)** 3. ¿Cuántos cubos hay? Marca la respuesta. **(Lección 1.4)**

Nombre _____

Contar y escribir 6

ESTÁNDARES COMUNES CC.K.CC.3
Know number names and the count sequence.

1

6
seis

2

3

_____

- - - - - - - - -

_____

4

_____

- - - - - - - - -

_____

5
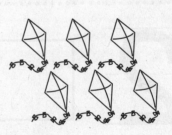

_____

- - - - - - - - -

_____

INSTRUCCIONES 1. Di el número. Traza los números.
2–5. Cuenta y di cuántos hay. Escribe el número.

Revisión de la lección (CC.K.CC.3)

1

3	4	5	6
○	○	○	○

Repaso en espiral (CC.K.CC.6, CC.K.CC.4.a)

2

1	2	3	4
○	○	○	○

3

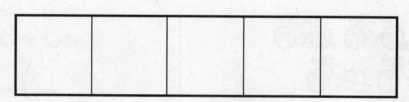

○	○	○	○

INSTRUCCIONES **1.** ¿Cuántos autobuses escolares hay? Marca la respuesta.
(Lección 3.2) **2.** Marca el número mayor que el número de fichas. **(Lección 2.2)**
3. ¿Cuántas fichas pondrías en el cuadro de cinco para mostrar el número? Marca la respuesta. **(Lección 1.1)**

Nombre _____

Hacer un modelo y contar 7

ESTÁNDARES COMUNES CC.K.CC.5
Count to tell the number of objects.

1

7
siete

___ ( ) y ___ ( )

___ ( ) y ___ ( )

___ ( ) y ___ ( )

___ ( ) y ___ ( )

INSTRUCCIONES   1. Traza el número 7. Usa fichas de dos colores para hacer el modelo de las diferentes maneras de formar 7. Colorea para mostrar las fichas de abajo. Escribe para mostrar algunos pares de números que formen 7.

Capítulo 3

cuarenta y cinco   **P45**

Revisión de la lección (CC.K.CC.5)

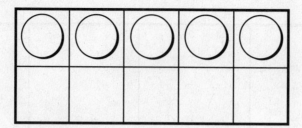

○   ○   ○   ○

Repaso en espiral (CC.K.CC.6, CC.K.CC.3)

1   2   3   4

○   ○   ○   ○

1   2   3   4

○   ○   ○   ○

INSTRUCCIONES   1. ¿Cuántas fichas más pondrías para hacer el modelo de una manera de formar 7? Marca la respuesta. **(Lección 3.3)   2.** Marca el número menor que el número de fichas. **(Lección 2.3)   3.** ¿Cuántas aves hay? Marca la respuesta. **(Lección 1.4)**

P46 cuarenta y seis

Nombre _____

Contar y escribir 7

ESTÁNDARES COMUNES CC.K.CC.3
Know number names and the count sequence.

1

7
siete

2

_____

- - - - - - - - - - -

_____

3

_____

- - - - - - - - - - -

_____

4

_____

- - - - - - - - - - -

_____

5

_____

- - - - - - - - - - -

_____

INSTRUCCIONES 1. Di el número. Traza los números.
2–5. Cuenta y di cuántos hay. Escribe el número.

Revisión de la lección (CC.K.CC.3)

1

4   5   6   7
○   ○   ○   ○

Repaso en espiral (CC.K.CC.3, CC.K.CC.4.a)

2

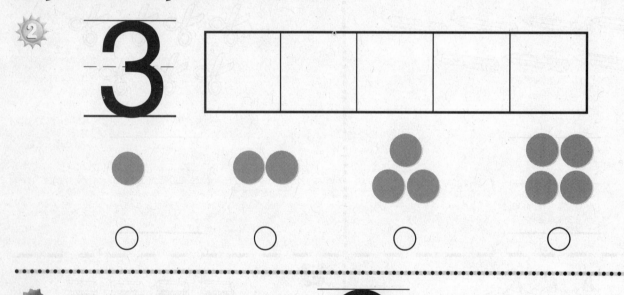

○   ○   ○   ○

3

○   ○   ○   ○

INSTRUCCIONES 1. Cuenta y di cuántas gomas de borrar hay. Marca la
respuesta. **(Lección 3.4) 2.** ¿Cuántas fichas pondrías en el cuadro de cinco para
mostrar el número? Marca la respuesta. **(Lección 1.3) 3.** ¿Qué conjunto muestra el
número? Marca la respuesta. **(Lección 1.2)**

P48 cuarenta y ocho

Nombre _____

Hacer un modelo y contar 8

ESTÁNDARES COMUNES CC.K.CC.5
Count to tell the number of objects.

1

8
ocho

_____ ○ **y** _____ ○

_____ ○ **y** _____ ○

_____ ○ **y** _____ ○

_____ ○ **y** _____ ○

INSTRUCCIONES 1. Traza el número 8. Usa fichas de dos colores para hacer el modelo de las diferentes maneras de formar 8. Colorea para mostrar las fichas de abajo. Escribe para mostrar algunos pares de números que formen 8.

Revisión de la lección (CC.K.CC.5)

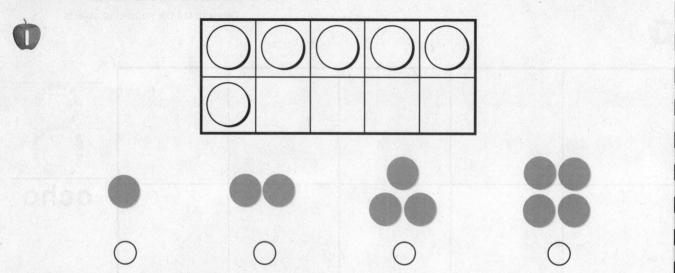

① ◯   ◯   ◯   ◯

Repaso en espiral (CC.K.CC.3, CC.K.CC.6)

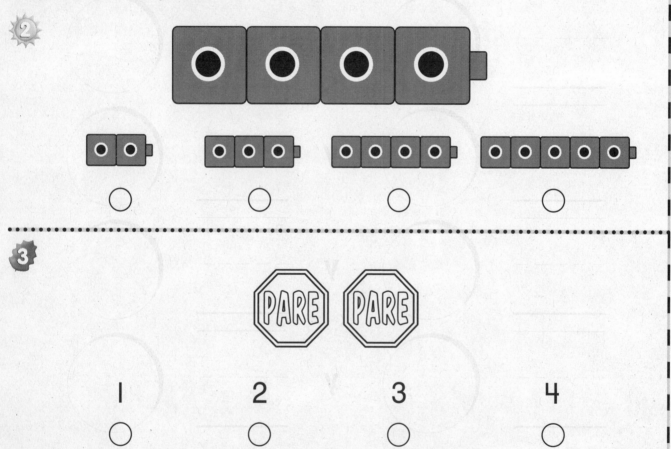

② ◯   ◯   ◯   ◯

③

1	2	3	4
◯	◯	◯	◯

INSTRUCCIONES 1. ¿Cuántas fichas más pondrías para hacer el modelo de una manera de formar 8? Marca la respuesta. **(Lección 3.5) 2.** ¿Qué tren de cubos tiene un número de cubos mayor que 4? Marca la respuesta. **(Lección 2.4) 3.** Cuenta y di cuántas señales de PARE hay. Marca la respuesta. **(Lección 1.2)**

Nombre _____

Contar y escribir 8

ESTÁNDARES COMUNES CC.K.CC.3
Know number names and the count sequence.

❶

8
ocho

❷

_____

_ _ _ _ _ _ _ _

_____

❸

_____

_ _ _ _ _ _ _ _

_____

❹

_____

_____

❺

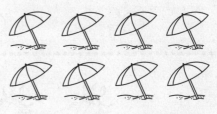

_____

_____

INSTRUCCIONES **1.** Di el número. Traza los números.
2–5. Cuenta y di cuántos hay. Escribe el número.

Revisión de la lección (CC.K.CC.3)

🍎 **1**

8	7	6	4
○	○	○	○

Repaso en espiral (CC.K.CC.4.b, CC.K.CC.6)

2

2	3	4	5
○	○	○	○

3

dos	tres	cuatro	cinco
○	○	○	○

INSTRUCCIONES 1. Cuenta y di cuántas abejas hay. Marca la respuesta. (Lección 3.6)
2. Marca el número mayor que el número de fichas. (Lección 2.2) **3.** Cuenta y di cuántos escarabajos hay. Marca la respuesta. (Lección 1.6)

Nombre _____

Hacer un modelo y contar 9

ESTÁNDARES COMUNES CC.K.CC.5
Count to tell the number of objects.

1.

9
nueve

_____ ◯ **y** _____ ◯

_____ ◯ **y** _____ ◯

_____ ◯ **y** _____ ◯

_____ ◯ **y** _____ ◯

INSTRUCCIONES   1. Traza el número 9. Usa fichas de dos colores para hacer el modelo de las diferentes maneras de formar 9. Colorea para mostrar las fichas de abajo. Escribe para mostrar algunos pares de números que formen 9.

Capítulo 3

cincuenta y tres **P53**

Revisión de la lección (CC.K.CC.5)

1

○ ○ ○ ○

Repaso en espiral (CC.K.CC.3, CC.K.CC.6)

2

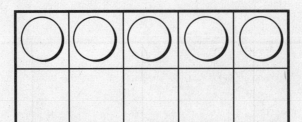

1   2   3   4

○   ○   ○   ○

3

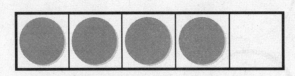

1   2   3   4

○   ○   ○   ○

INSTRUCCIONES **1.** ¿Cuántas fichas más pondrías para hacer el modelo de una manera de formar 9? Marca la respuesta. **(Lección 3.7)** **2.** Marca bajo el número mayor que el número de gatos. **(Lección 2.5)** **3.** ¿Cuántas fichas hay? Marca la respuesta. **(Lección 1.4)**

Contar y escribir 9

ESTÁNDARES COMUNES CC.K.CC.3
Know number names and the count sequence.

1

9
nueve 9 9 9 9 9 9 9

2

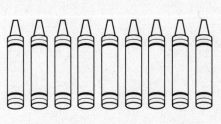

_____

- - - - - - -

_____

3

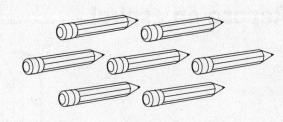

_____

- - - - - -

_____

4

- - - - - - -

_____

5

_____

- - - - - -

_____

INSTRUCCIONES **I.** Di el número. Traza los números.
2–5. Cuenta y di cuántos hay. Escribe el número.

Revisión de la lección (CC.K.CC.3)

seis	siete	ocho	nueve
○	○	○	○

Repaso en espiral (CC.K.CC.3, CC.K.CC.4.b)

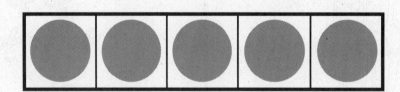

0	1	2	3
○	○	○	○

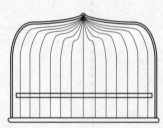

2	3	4	5
○	○	○	○

INSTRUCCIONES 1. Cuenta y di cuántas ardillas hay. Marca la respuesta.
(Lección 3.8) 2. ¿Cuántas aves hay en la jaula? Marca la respuesta.
(Lección 1.10) 3. ¿Cuántas fichas hay? Marca la respuesta (Lección 1.6)

Nombre _____

Resolución de problemas •
Números hasta el 9

ESTÁNDARES COMUNES CC.K.CC.6
Compare numbers.

1

_____

- - - - - - - -

_____

_____

- - - - - - - -

2

_____

- - - - - - - -

_____

_____

- - - - - - - -

_____

INSTRUCCIONES   1. Sally tiene seis flores. Tres flores son amarillas. Las otras son rojas. ¿Cuántas son amarillas? Dibuja las flores. Escribe el número al lado de cada conjunto de flores.   **2.** Tim tiene siete bellotas. Dan tiene un número de bellotas que es dos menos que 7. ¿Cuántas bellotas tiene Dan? Dibuja las bellotas. Escribe los números.

Capítulo 3

Revisión de la lección (CC.K.CC.6)

 1

2 ○   3 ○   5 ○   7 ○

Repaso en espiral (CC.K.CC.4b, CC.K.CC.6)

 2

2 ○   3 ○   4 ○   5 ○

 3

2 ○   3 ○   4 ○   5 ○

INSTRUCCIONES **1.** La casa tiene cinco puertas. El número de ventanas es dos más que 5. ¿Cuántas ventanas hay? Marca la respuesta. **(Lección 3.9)** **2.** Cuenta y di cuántos libros hay. Marca la respuesta. **(Lección 1.6)** **3.** Marca el número mayor que el número de tortugas. **(Lección 2.5)**

ESTÁNDARES COMUNES CC.K.CC.5, CC.K.CC.3, CC.K.CC.6

Práctica adicional del Capítulo 3

Lecciones 3.1 a 3.6 (págs. 89 a 112)

 1

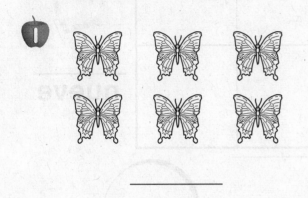

_____

- - - - - - -

_____

2

_____

- - - - - - -

_____

3

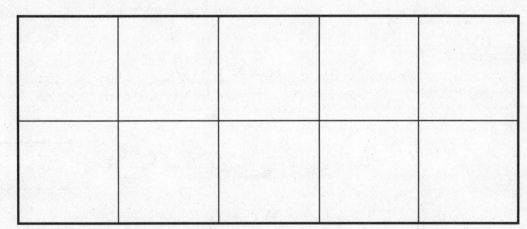

ocho

 **y**

- - - - - - -

_____

_____

INSTRUCCIONES 1–2. Compara y di cuántos hay. Escribe el número. **3.** Traza el número 8. Usa fichas de dos colores para hacer el modelo de una manera de formar 8. Colorea para mostrar las fichas abajo. Escribe para mostrar un par de números que formen 8.

Lecciones 3.7 a 3.9 (págs. 113 a 124)

1

9
nueve

_ _ _ _ _ ◯ **y** _ _ _ _ _ ◯

2

_____
- - - -
_____
_____
- - - -
_____

INSTRUCCIONES **1.** Traza el número 9. Usa fichas de dos colores para hacer el modelo de una manera de formar 9. Colorea para mostrar las fichas de abajo. Escribe para mostrar un par de números que formen 9. **2.** Roy tiene siete cucharas. Ken tiene un número de cucharas que es dos más que 7. Dibuja las cucharas. Escribe los números.

P60 sesenta

© Houghton Mifflin Harcourt Publishing Company

School-Home Letter

Dear Family,

My class started Chapter 4 this week. In this chapter, I will learn how to show and compare numbers to 10.

Love, _____

Vocabulary

ten one more than nine

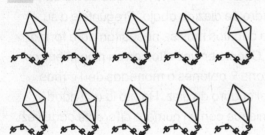

Home Activity

Place one button or penny in the ten frame below. Ask your child how many more are needed to make 10. Count aloud with your child as he or she places 9 more buttons or pennies in the ten frame. Repeat the activity, starting with a different number each time.

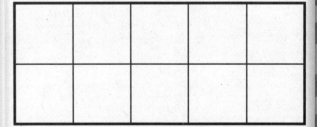

Literature

Look for these books in the library. You and your child will enjoy these fun stories while learning more about the numbers 6 to 10.

Feast for 10 by Cathryn Falwell. Clarion Books, 1993.

Ten Black Dots by Donald Crews. Greenwillow Books, 1995.

Carta
para la casa

Querida familia:

Mi clase comenzó el Capítulo 4 esta semana. En este capítulo aprenderé a mostrar y comparar números hasta el 10.

Con cariño, _____

Vocabulario

diez uno más que nueve

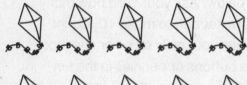

Actividad para la casa

Ponga un botón o una moneda de 1¢ en el cuadro de diez de abajo. Pregúntele a su niño cuántos más se necesitan para formar 10. Cuente en voz alta con su niño mientras él pone 9 botones o monedas de 1¢ más en el cuadro de diez. Repita la actividad y comience con un número diferente cada vez.

Literatura

Busque estos libros en la biblioteca. Usted y su niño disfrutarán de estos cuentos divertidos mientras aprenden más sobre los números del 6 al 10.

Feast for 10 por Cathryn Falwell. Clarion Books, 1993.

Ten Black Dots por Donald Crews. Greenwillow Books, 1995.

Representar y contar 10

ESTÁNDARES COMUNES CC.K.CC.5
Count to tell the number of objects.

10

diez

_____ ◯ **y** _____ ◯

_____ ◯ **y** _____ ◯

_____ ◯ **y** _____ ◯

_____ ◯ **y** _____ ◯

INSTRUCCIONES Traza el número. Usa fichas para hacer el modelo de diferentes maneras de formar 10. Colorea para mostrar las fichas de abajo. Escribe para mostrar algunos pares de números que formen 10.

Revisión de la lección (CC.K.CC.5)

1

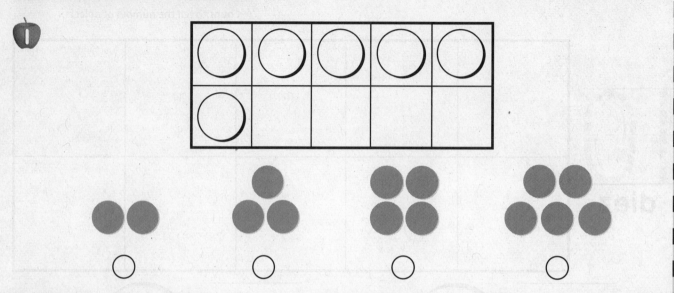

○   ○   ○   ○

Repaso en espiral (CC.K.CC.3, CC.K.CC.6)

2

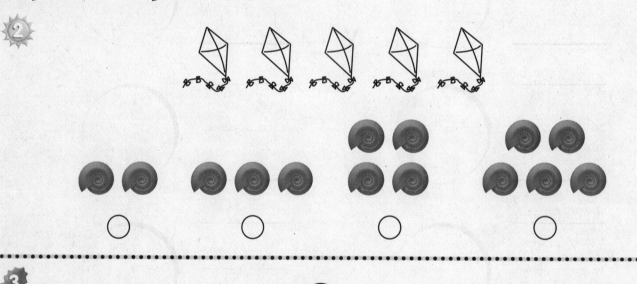

○   ○   ○   ○

3

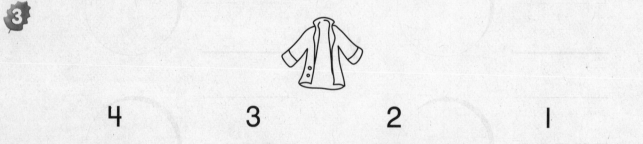

4   3   2   1

○   ○   ○   ○

INSTRUCCIONES   1. ¿Cuántas fichas más pondrías para hacer el modelo de una manera de formar 10? Marca la respuesta. **(Lección 4.1)   2.** Marca el conjunto que tenga igual número de objetos que el conjunto de cometas. **(Lección 2.1)   3.** Cuenta y di cuántos abrigos hay. Marca la respuesta. **(Lección 1.2)**

Contar y escribir 10

1

ESTÁNDARES COMUNES CC.K.CC.3
Know number names and the count sequence.

10
diez

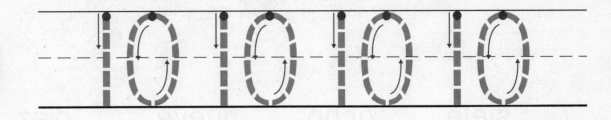

2

_____

- - - - - - - - - - - -

_____

3

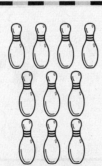

_____

- - - - - - - - - - - -

_____

4

_____

- - - - - - - - - - - -

_____

INSTRUCCIONES   **1.** Di el número. Traza los números.
2-4. Cuenta y di cuántos hay. Escribe el número.

Revisión de la lección (CC.K.CC.3)

1

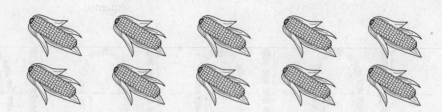

siete   ocho   nueve   diez

○   ○   ○   ○

Repaso en espiral (CC.K.CC.6, CC.K.CC.4.a)

2

2   3   4   5

○   ○   ○   ○

3

5

○   ○   ○   ○

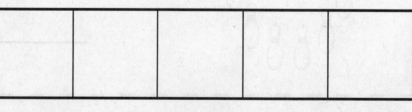

INSTRUCCIONES   **1.** Cuenta y di cuántas mazorcas hay. Marca la respuesta.
(Lección 4.2)   **2.** Marca bajo el número que es menor que el número de fichas.
(Lección 2.3)   **3.** ¿Cuántas fichas pondrías en el cuadro de cinco para mostrar el número? Marca la respuesta. **(Lección 1.5)**

Nombre _____

Álgebra • Maneras de formar 10

ESTÁNDARES COMUNES CC.K.OA.4
Understand addition as putting together and adding to, and understand subtraction as taking apart and taking from.

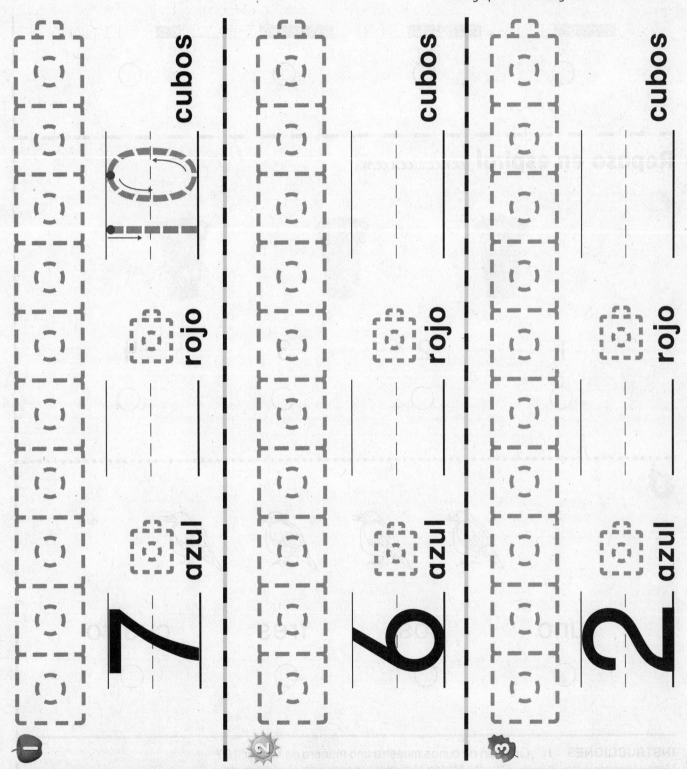

INSTRUCCIONES   1–3. Colorea de azul los cubos para relacionar el número. Colorea de rojo los otros cubos. Escribe cuántos cubos rojos hay. Traza o escribe el número que muestre cuántos cubos hay en total.

Capítulo 4

Revisión de la lección (CC.K.OA.4)

 1

○   ○   ○   ○

Repaso en espiral (CC.K.CC.6, CC.K.CC.3)

2

1   2   3   4

○   ○   ○   ○

3

uno   dos   tres   cuatro

○   ○   ○   ○

INSTRUCCIONES   1. ¿Qué tren de cubos muestra una manera de formar 10?
Marca la respuesta. **(Lección 4.3)   2.** Marca el número mayor que el número de
vasos. **(Lección 2.5)   3.** ¿Cuántos pájaros hay? Marca la respuesta. **(Lección 1.4)**

Nombre _____

Contar y ordenar hasta 10

ESTÁNDARES COMUNES CC.K.CC.2
Know number names and the count sequence.

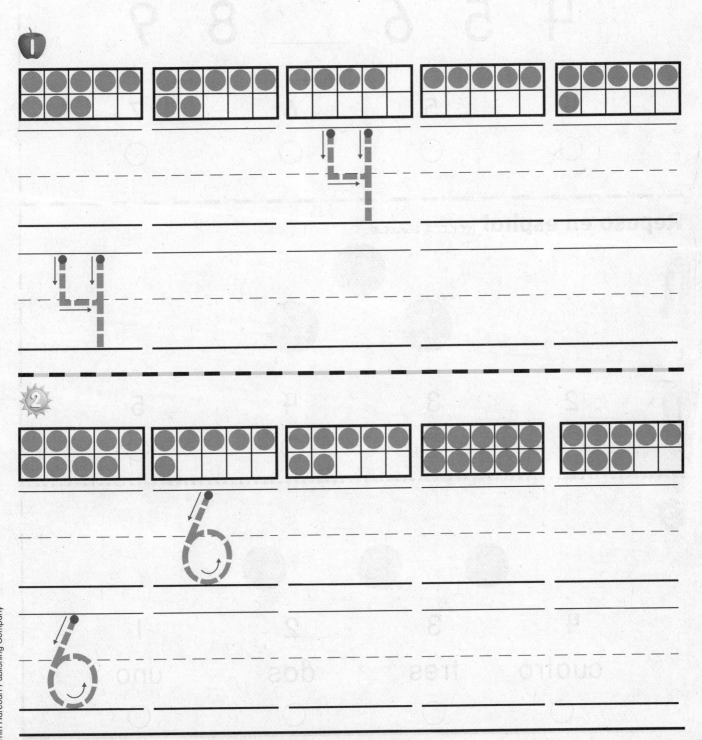

INSTRUCCIONES 1–2. Cuenta los puntos de los cuadros de diez. Traza o escribe los números. Escribe los números en orden mientras cuentas hacia adelante desde el número punteado gris.

Capítulo 4

Revisión de la lección (CC.K.CC.2)

 1

| 4 | 5 | 6 | ___ | 8 | 9 |

4	5	6	7
○	○	○	○

Repaso en espiral (CC.K.CC.6, CC.K.CC.3)

 2

2	3	4	5
○	○	○	○

 3

4	3	2	l
cuatro	tres	dos	uno
○	○	○	○

INSTRUCCIONES   1. Cuenta hacia adelante. Marca el número que falta. **(Lección 4.4)   2.** Marca el número menor que el número de fichas. **(Lección 2.3)   3.** ¿Cuántas fichas hay? Marca la respuesta **(Lección 1.4)**

Nombre _____

Resolución de problemas • Emparejar para comparar conjuntos hasta 10

ESTÁNDARES COMUNES CC.K.CC.6
Compare numbers.

1

_____

- - - - - - - - - - - -

_____

_____

_____

═ ═ ═ ═ ═ ═ ═ ═ ═ ═ ═ ═ ═ ═ ═ ═ ═ ═

2

_____

- - - - - - - - - - - -

_____

_____

- - - - - - - - - - - -

_____

INSTRUCCIONES 1. Kim tiene 7 globos rojos. Jake tiene 3 globos azules. ¿Quién tiene menos globos? Usa trenes de cubos para hacer el modelo de los conjuntos de globos. Empareja los trenes de cubos para comparar. Escribe cuántos hay. Encierra en un círculo el número menor. **2.** Meg tiene 8 cuentas rojas. Beni tiene 5 cuentas azules. ¿Quién tienen más cuentas? Usa trenes de cubos para hacer el modelo de los conjuntos de cuentas. Compara los trenes de cubos. Dibuja y colorea los trenes de cubos. Escribe cuántos hay. Encierra en un círculo el número mayor.

Revisión de la lección (CC.K.CC.6)

○ □○□○□○□○□○□○□○

○ □○□○□○□○□○□○□○

○ □○□○□○□○□○□○□○□○

○ □○□○□○□○□○□○

Repaso en espiral (CC.K.CC.6, CC.K.CC.4.b)

1   2   3   4

○   ○   ○   ○

5

○   ○   ○   ○

INSTRUCCIONES 1. Empareja para comparar los trenes de cubos. Marca el tren de cubos que tiene el mayor número de cubos. (Lección 4.5) 2. Marca el número que sea mayor que el número de fichas. (Lección 2.2) 3. ¿Qué conjunto muestra el número? Marca la respuesta. (Lección 1.6)

Nombre _____

Comparar contando conjuntos de hasta 10

ESTÁNDARES COMUNES CC.K.CC.6
Compare numbers.

1

_____

- - - - - - - - - - - -

_____

2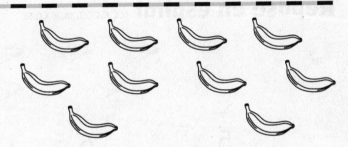

_____

- - - - - - - - - - - -

_____

 3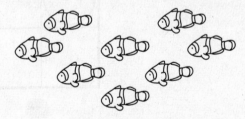

_____

- - - - - - - - - - - -

_____

INSTRUCCIONES Cuenta cuántos hay en cada conjunto. Escribe el número de objetos de cada conjunto. Compara los números.   **1–2.** Encierra en un círculo el número menor.   **3.** Encierra en un círculo el número mayor.

Revisión de la lección (CC.K.CC.6)

6	7	8	9
○	○	○	○

Repaso en espiral (CC.K.CC.3, CC.K.CC.5)

5	6	7	8
○	○	○	○

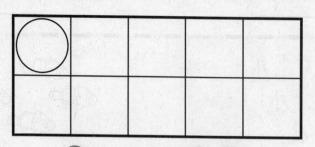

○	○	○	○

INSTRUCCIONES 1. Marca el número menor que el número de lápices. **(Lección 4.6)**
2. Cuenta y di cuántos silbatos hay. Marca la respuesta. **(Lección 3.6) 3.** ¿Cuántas fichas más pondrías para hacer el modelo de una manera de formar 6? **(Lección 3.1)**

Nombre _____

Comparar dos números

ESTÁNDARES COMUNES CC.K.CC.7
Compare numbers.

1   8   5

2   10   7

3   6   9

4   4   6

5   8   7

6   5   3

INSTRUCCIONES   1–3. Observa los números. Piensa en el orden de conteo mientras comparas los números. Encierra en un círculo el número mayor.   4–6. Observa los números. Piensa en el orden de conteo mientras comparas los números. Encierra en un círculo el número menor.

Capítulo 4

Revisión de la lección (CC.K.CC.7)

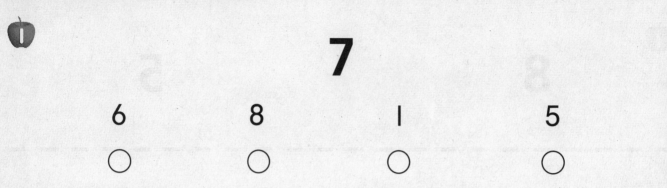

1

7

6	8	1	5
○	○	○	○

Repaso en espiral (CC.K.CC.5, CC.K.CC.3)

2

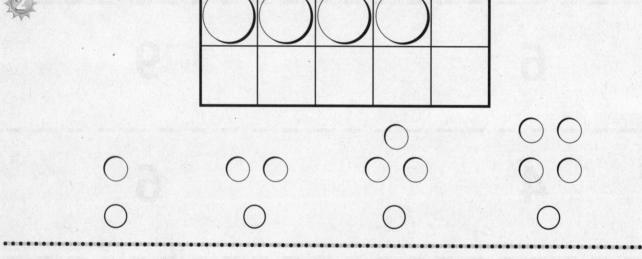

3

seis	siete	ocho	nueve
○	○	○	○

INSTRUCCIONES 1. ¿Qué número es mayor que 7? Marca la respuesta. **(Lección 4.7)**
2. ¿Cuántas fichas pondrías para hacer el modelo de una manera de formar 8? Marca la respuesta. **(Lección 3.5)** 3. Cuenta y di cuántos pájaros hay. Marca la respuesta. **(Lección 3.8)**

ESTÁNDARES COMUNES CC.K.CC.2, CC.K.CC.3,
CC.K.CC.5, CC.K.CC.6, CC.K.CC.7, CC.K.OA.4

Práctica adicional del Capítulo 4

Lecciones 4.1 a 4.4 (pp. 63 a 70)

 1

_____

- - - - - - -

_____

2

3 azul _____ rojo 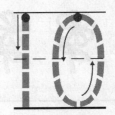 cubos

---

3

5

6, 8, 5, 7, 9

_____ - - - - - - - _____

INSTRUCCIONES **1.** Cuenta y di cuántos globos hay. Escribe el número.
2. Colorea de azul los cubos para relacionar el número. Colorea de rojo los otros cubos.
Escribe cuántos cubos rojos hay. Traza el número que muestre cuántos cubos hay en
total. **3.** Escribe los números en orden mientras cuentas hacia adelante desde 5.

①

②

③

8

4

INSTRUCCIONES   I. Pam tiene 9 crayones rojos. Alex tiene 7 crayones azules. ¿Quién tiene más crayones? Usa trenes de cubos para hacer el modelo de los conjuntos de crayones. Empareja para comparar los trenes de cubos. Dibuja y colorea los trenes de cubos. Escribe cuántos hay. Encierra en un círculo el número mayor.   **2.** Cuenta cuántos hay en cada conjunto. Escribe el número de objetos de cada conjunto. Compara los números. Encierra en un círculo el número menor.   **3.** Piensa en el orden de conteo mientras comparas los números. Encierra en un círculo el número mayor.

School-Home
Letter

Dear Family,

My class started Chapter 5 this week. In this chapter, I will learn how to show addition.

Love, _____

Vocabulary

plus (+) a symbol that shows addition

plus
↓
3 + 2 = 5

add to put together one set with another set

○ ○ ○ ○ ○

Home Activity

Invite your child to act out addition word problems. For example, your child can show you four socks, add two more socks, and then tell you the addition sentence.

4 + 2 = 6

Literature

Look for these books at the library. You and your child will enjoy counting and adding objects in these interactive books.

Rooster's Off to See the World by Eric Carle. Simon & Schuster, 1991.

Anno's Counting Book by Mitsumasa Anno. HarperCollins, 1986.

Carta
para la casa

Querida familia:

Mi clase comenzó el Capítulo 5 esta semana. En este capítulo, aprenderé cómo mostrar la suma.

Con cariño, _____

Vocabulario

más (+) signo que indica suma

más
↓
3 + 2 = 5

sumar agregar un conjunto a otro

o o o o o o

Actividad para la casa

Anime a su hijo a hacer una dramatización de los problemas de suma. Por ejemplo, su niño puede mostrar cuatro calcetines, agregar dos más y luego decir el enunciado de suma.

4 + 2 = 6

Literatura

Busquen estos libros en la biblioteca. Usted y su niño disfrutarán contar y sumar los objetos en estos libros interactivos.

Rooster's Off to See the World por Eric Carle. Simon & Schuster, 1991.

Anno's Counting Book por Mitsumasa Anno. HarperCollins, 1986.

Nombre _____

La suma: Agregar cosas

ESTÁNDARES COMUNES CC.K.OA.1
Understand addition as putting together and adding to, and understand subtraction as taking apart and taking from.

1

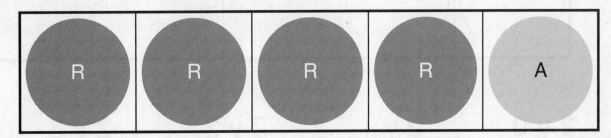

_____   _____

- - - - - -   **y**   - - - - - -

_____   _____

- -

 2

_____

- - - - - -

_____

INSTRUCCIONES **1.** En el cuadro de cinco hay cuatro fichas rojas. Se agrega una ficha amarilla. R significa rojo y A significa amarillo. ¿Cuántas fichas de cada color hay? Escribe los números. **2.** Escribe el número que muestre cuántas fichas hay ahora en el cuadro de cinco.

Revisión de la lección (CC.K.OA.1)

 1

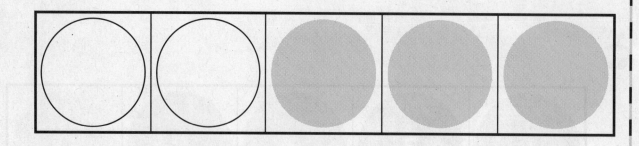

2 y 0	2 y 1	2 y 2	2 y 3
◯	◯	◯	◯

Repaso en espiral (CC.K.CC.3, CC.K.CC.6)

 2

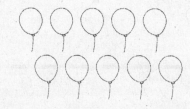

7	8	9	10
◯	◯	◯	◯

 3

2	3	4	5
◯	◯	◯	◯

INSTRUCCIONES   1. ¿Cuál muestra las fichas grises que se están agregando al cuadro de cinco? Marca la respuesta. **(Lección 5.1)   2.** Cuenta y di cuántos globos hay. Marca la respuesta. **(Lección 4.2)   3.** Marca el número que sea menor que el número de caracoles. **(Lección 2.5)**

Nombre _____

La suma: Juntar

ESTÁNDARES COMUNES CC.K.OA.1
Understand addition as putting together and adding to, and understand subtraction as taking apart and taking from.

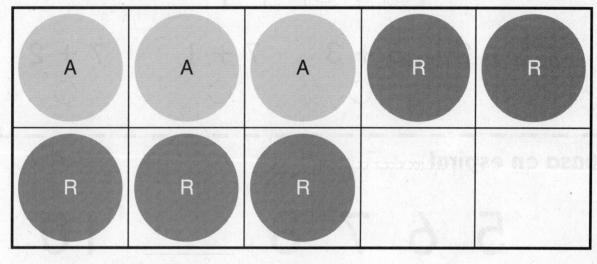

3   y   5

INSTRUCCIONES Roy tiene tres fichas amarillas y cinco fichas rojas. ¿Cuántas fichas tiene en total? 1. Pon fichas en el cuadro de diez para hacer el modelo de los conjuntos que se juntan. A significa amarillo y R significa rojo. Escribe los números y traza el signo. Escribe el número para mostrar cuántos hay en total.

Revisión de la lección (CC.K.OA.1)

 1

$5 + 2$ ◯ $5 + 3$ ◯ $7 + 1$ ◯ $7 + 2$ ◯

Repaso en espiral (CC.K.CC.2, CC.K.CC.6)

 2

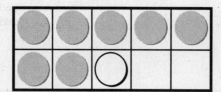

5 6 7 8 ____ 10

6 ◯   7 ◯   8 ◯   9 ◯

 3

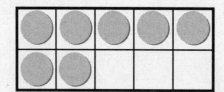

5 ◯   6 ◯   7 ◯   9 ◯

INSTRUCCIONES 1. ¿Qué números muestran los conjuntos que se juntan? Marca la respuesta. **(Lección 5.2) 2.** Cuenta hacia adelante. Marca el número que complete el espacio. **(Lección 4.4) 3.** Meg tiene siete fichas. Paul tiene un número de fichas que es dos menos que siete. Marca el número que muestre cuántas fichas tiene Paul. **(Lección 3.9)**

P84 ochenta y cuatro

Resolución de problemas •
Representar problemas de suma

ESTÁNDARES COMUNES CC.K.OA.1
Understand addition as putting together and adding to, and understand subtraction as taking apart and taking from.

1

4 + 1 = ____

2

3 + 2 = ____

INSTRUCCIONES   1–2. Plantea un problema de suma acerca de los niños. Traza los números y los signos. Escribe el número que muestre cuántos niños hay en total.

Revisión de la lección (CC.K.OA.1)

$$3 + 2 = \underline{\qquad}$$

5	4	3	2
○	○	○	○

Repaso en espiral (CC.K.CC.3, CC.K.CC.6)

tres	cuatro	cinco	seis
○	○	○	○

○	○	○	○

INSTRUCCIONES 1. ¿Cuántos gatos hay en total? Marca la respuesta.
(Lección 5.3) 2. Cuenta y di cuántos tigres hay. Marca la respuesta. (Lección 3.2)
3. Marca el conjunto que tenga el mismo número de objetos. (Lección 2.1)

P86 ochenta y seis

© Houghton Mifflin Harcourt Publishing Company

Álgebra • Hacer un modelo y dibujar problemas de suma

ESTÁNDARES COMUNES CC.K.OA.5
Understand addition as putting together and adding to, and understand subtraction as taking apart and taking from.

1

 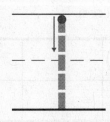 

2

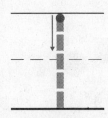  

INSTRUCCIONES 1–2. Pon cubos como se muestra. Az significa azul y Am significa amarillo. Plantea un problema de suma. Haz un modelo para mostrar los cubos juntos. Dibuja el tren de cubos. Traza y escribe para completar el enunciado de suma.

Revisión de la lección <small>(CC.K.OA.5)</small>

 1

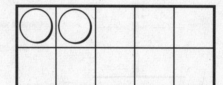

○ $2 + 1 = 3$ ○ $3 + 1 = 4$

○ $2 + 3 = 5$ ○ $3 + 2 = 5$

Repaso en espiral <small>(CC.K.CC.3, CC.K.CC.5)</small>

 2

   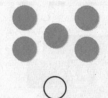

 3

4

INSTRUCCIONES   **1.** ¿Qué enunciado de suma muestra los cubos que se están juntando? Marca la respuesta. **(Lección 5.4)**   **2.** ¿Cuántas fichas más pondrías para hacer el modelo de una manera de formar 7? Marca la respuesta. **(Lección 3.3)**   **3.** Marca el conjunto que muestre el número. **(Lección 1.4)**

P88 ochenta y ocho

Nombre _____

Álgebra • Escribir enunciados de suma para 10

ESTÁNDARES COMUNES CC.K.OA.4
Understand addition as putting together and adding to, and understand subtraction as taking apart and taking from.

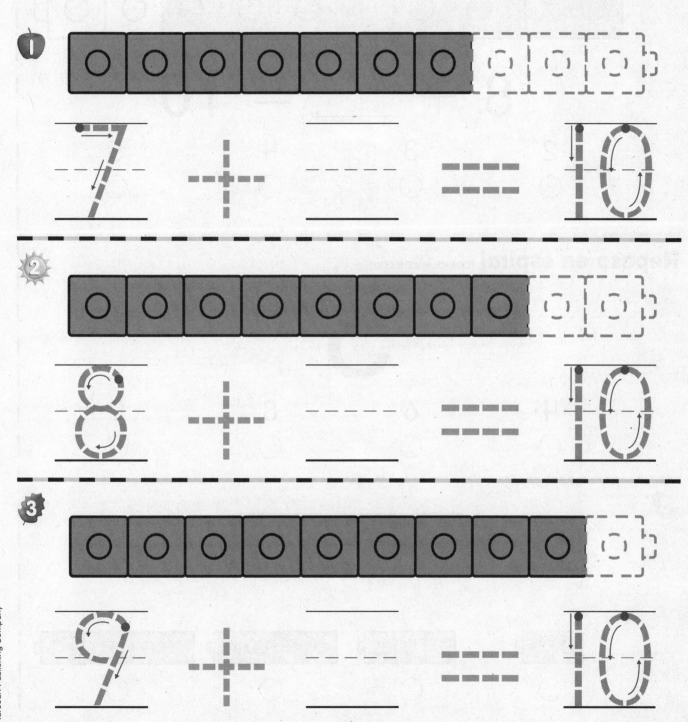

$$7 + \underline{} = 10$$

$$8 + \underline{} = 10$$

$$9 + \underline{} = 10$$

INSTRUCCIONES **1–3.** Observa el tren de cubos. ¿Cuántos cubos grises ves? ¿Cuántos cubos azules tienes que agregar para formar 10? Colorea de azul esos cubos. Escribe y traza para mostrar esto como un enunciado de suma.

Revisión de la lección (CC.K.OA.4)

1

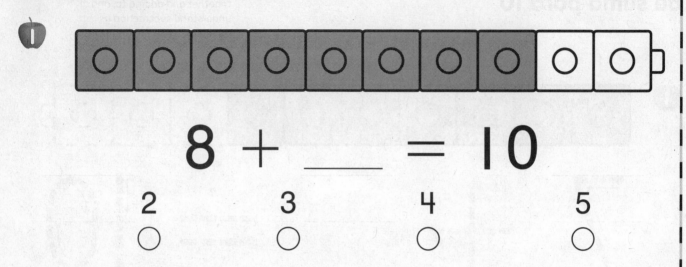

$$8 + \underline{\quad} = 10$$

2	3	4	5
○	○	○	○

Repaso en espiral (CC.K.CC.6, CC.K.CC.7)

2

5

4	6	8	9
○	○	○	○

3

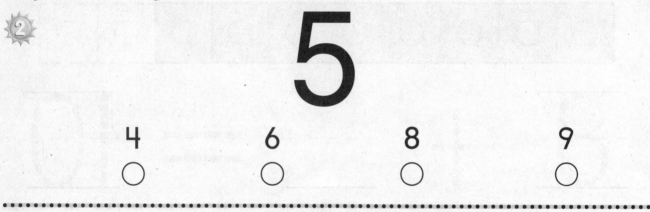

○   ○   ○   ○

INSTRUCCIONES **1.** Marca el número que forma 10 cuando lo juntas con el número dado. **(Lección 5.5)** **2.** ¿Qué número es menor que 5? Marca la respuesta. **(Lección 4.7)** **3.** . ¿Qué tren de cubos tiene el mismo número de cubos? Marca la respuesta. **(Lección 2.4)**

Nombre _____

Álgebra • Escribir enunciados de suma

ESTÁNDARES COMUNES CC.K.OA.5
Understand addition as putting together and adding to, and understand subtraction as taking apart and taking from.

1

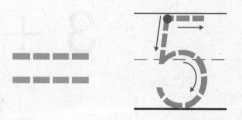

_3_ _+_ ____ _=_ ____ _5_

2

_1_ _+_ ____ _=_ ____ _4_

3

_4_ _+_ ____ _=_ ____ _5_

INSTRUCCIONES 1–3. Plantea un problema de suma sobre los conjuntos. Encierra en un círculo el conjunto con que empezaste. ¿Cuántos hay ahora? Escribe y traza para completar el enunciado de suma.

Capítulo 5

Revisión de la lección (CC.K.OA.5)

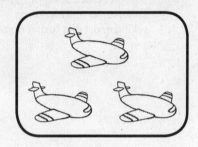 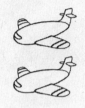

$$3 + \underline{\quad} = 5$$

1	2	3	4
○	○	○	○

Repaso en espiral (CC.K.CC.3, CC.K.CC.5)

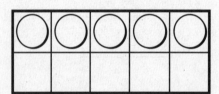

○	○	○	○

1	2	3	4
○	○	○	○

INSTRUCCIONES **1.** ¿Qué número completa el enunciado de suma sobre los conjuntos de aviones? Marca la respuesta. **(Lección 5.6)** **2.** ¿Cuántas fichas más pondrías para hacer el modelo de una manera de formar 8? Marca la respuesta. **(Lección 3.5)** **3.** ¿Cuántos pinceles hay? Marca la respuesta. **(Lección 1.4)**

© Houghton Mifflin Harcourt Publishing Company

Nombre _____

Álgebra • Escribir más enunciados de suma

ESTÁNDARES COMUNES CC.K.OA.2
Understand addition as putting together and adding to, and understand subtraction as taking apart and taking from.

_____ + 5 = 9

_____ + 4 = 10

   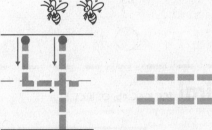  

_____ + 4 = 7

     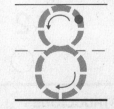

_____ + 3 = 8

INSTRUCCIONES   1–4. Plantea un problema de suma. Encierra en un círculo el conjunto que se agrega. ¿Cuántas cosas tiene el conjunto con que empiezas? Escribe y traza para completar el enunciado de suma.

Capítulo 5   noventa y tres   **P93**

Revisión de la lección (CC.K.OA.2)

 1

$$\underline{\quad\quad} + 3 = 9$$

3	4	5	6
○	○	○	○

Repaso en espiral (CC.K.CC.4b, CC.K.CC.5)

 2

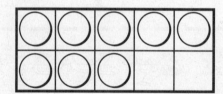

○	○	○	○

 3

2	3	4	5
○	○	○	○

INSTRUCCIONES 1. ¿Qué número completa el enunciado de suma sobre los conjuntos de perros? Marca la respuesta. **(Lección 5.7) 2.** ¿Cuántas fichas más pondrías para hacer el modelo de una manera de formar 9? Marca la respuesta. **(Lección 3.7) 3.** Cuenta y di cuántas trompetas hay. Marca la respuesta. **(Lección 1.6)**

Nombre _____

Álgebra • Pares de números hasta el 5

ESTÁNDARES COMUNES CC.K.OA.3

Understand addition as putting together and adding to, and understand subtraction as taking apart and taking from.

1

$$3 = \underline{\hspace{1cm}} + \underline{\hspace{1cm}}$$

2

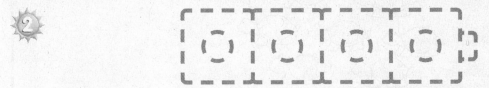

$$4 = \underline{\hspace{1cm}} + \underline{\hspace{1cm}}$$

3

$$5 = \underline{\hspace{1cm}} + \underline{\hspace{1cm}}$$

INSTRUCCIONES 1–3. Observa el número que está al principio del enunciado de suma. Pon dos colores de cubos en el tren de cubos para mostrar un par de números para ese número. Completa el enunciado de suma para mostrar un par de números. Colorea el tren de cubos para relacionarlo con el enunciado de suma.

Revisión de la lección (CC.K.OA.3)

 ①

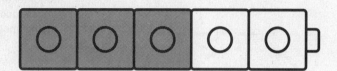

○ 5 = 1 + 4   ○ 6 = 1 + 5

○ 5 = 3 + 2   ○ 6 = 2 + 4

Repaso en espiral (CC.K.CC.5, CC.K.CC.6)

 ②

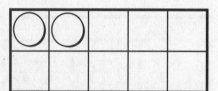

5   6   7   8

○   ○   ○   ○

③

○   ○   ○   ○

INSTRUCCIONES   1. ¿Qué enunciado de suma muestra un par de números que se relacione con el tren de cubos? Marca la respuesta. **(Lección 5.8)   2.** Marca el número que sea mayor que el número de tortugas. **(Lección 4.6)   3.** ¿Cuántas fichas más pondrías para hacer el modelo de una manera de formar 6? Marca la respuesta. **(Lección 3.1)**

Álgebra • Pares de números para 6 y 7

ESTÁNDARES COMUNES CC.K.OA.3
Understand addition as putting together and adding to, and understand subtraction as taking apart and taking from.

1

6 $=$ ___ ___ $+$ ___

2

7 $=$ ___ ___ $+$ ___

INSTRUCCIONES 1–2. Mira el número que está al principio del enunciado de suma. Pon dos colores de cubos en el tren de cubos para mostrar un par de números para ese número. Completa el enunciado de suma para mostrar un par de números para ese número. Colorea el tren de cubos para relacionarlo con el enunciado de suma.

Revisión de la lección (CC.K.OA.3)

○ $6 = 1 + 5$ ○ $7 = 1 + 6$

○ $6 = 2 + 4$ ○ $7 = 3 + 4$

Repaso en espiral (CC.K.CC.5, CC.K.CC.3)

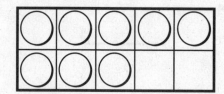

○   ○   ○   ○

cuatro   cinco   seis   siete

○   ○   ○   ○

INSTRUCCIONES   I. ¿Qué enunciado de suma muestra un par de números que se relacione con el tren de cubos? Marca la respuesta. **(Lección 5.9)   2.** ¿Cuántas fichas más pondrías para hacer el modelo de una manera de formar 10? Marca la respuesta. **(Lección 4.1)   3.** Cuenta y di cuántos gorros hay. Marca la respuesta. **(Lección 3.4)**

P98 noventa y ocho

Nombre _____

Álgebra • Pares
de números para 8

ESTÁNDARES COMUNES CC.K.OA.3
Understand addition as putting together and adding to, and understand subtraction as taking apart and taking from.

 8 =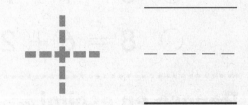

---

 8 = _____ + _____

---

 8 =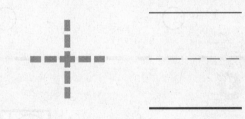

---

 8 =

INSTRUCCIONES Forma un tren con dos colores de cubos para mostrar los pares de números que forman 8. **1-4.** Completa el enunciado de suma para mostrar un par de números para 8. Colorea el tren de cubos para relacionarlo con el enunciado de suma del Ejercicio 4.

Capítulo 5

Revisión de la lección (CC.K.OA.3)

1

○ 8 = 1 + 7   ○ 9 = 1 + 8

○ 8 = 6 + 2   ○ 9 = 7 + 2

Repaso en espiral (CC.K.CC.6, CC.K.OA.3)

2

2   3   4   5

○   ○   ○   ○

3

         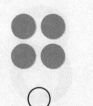

○   ○   ○   ○

INSTRUCCIONES **1.** ¿Qué enunciado de suma muestra un par de números que se relacione con el tren de cubos? Marca la respuesta. **(Lección 5.10)** **2.** Marca el número que sea mayor que el número de fichas. **(Lección 2.2)** **3.** ¿Cuántas fichas más pondrías en el cuadro de cinco para hacer el modelo de una manera de formar 5? Marca la respuesta. **(Lección 1.7)**

P100 cien

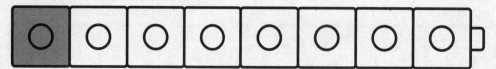

Álgebra • Pares de números para 9

ESTÁNDARES COMUNES CC.K.OA.3
Understand addition as putting together and adding to, and understand subtraction as taking apart and taking from.

$$9 = \underline{\quad\quad} + \underline{\quad\quad}$$

$$9 = \underline{\quad\quad} + \underline{\quad\quad}$$

$$9 = \underline{\quad\quad} + \underline{\quad\quad}$$

$$9 = \underline{\quad\quad} + \underline{\quad\quad}$$

INSTRUCCIONES Forma un tren con dos colores de cubos para mostrar los pares de números que forman 9. **1–4.** Completa el enunciado de suma para mostrar un par de números para 9. Colorea el tren de cubos para relacionarlo con el enunciado de suma del Ejercicio 4.

Capítulo 5

Revisión de la lección (CC.K.OA.3)

○ 5 = 4 + 1   ○ 8 = 5 + 3

○ 7 = 4 + 3   ○ 9 = 5 + 4

Repaso en espiral (CC.K.CC.3, CC.K.CC.6)

8   7   6   5

○   ○   ○   ○

2   3   4   5

○   ○   ○   ○

INSTRUCCIONES 1. ¿Qué enunciado de suma muestra un par de números que se relacione con el tren de cubos? Marca la respuesta. (Lección 5.11) 2. Cuenta cuántos pájaros hay. Marca la respuesta. (Lección 3.6) 3. Marca el número que sea menor que el número de fichas. (Lección 2.3)

Nombre _____

Álgebra • Pares
de números para 10

ESTÁNDARES COMUNES CC.K.OA.3
Understand addition as putting together and adding to, and understand subtraction as taking apart and taking from.

❶ 10 = _____ + _____

② 10 = _____ + _____

③ 10 = _____ + _____

❀ 10 = _____ + _____

INSTRUCCIONES Forma un tren con dos colores de cubos para mostrar los pares de números que forman 10. **1–4.** Completa el enunciado de suma para mostrar un par de números para 10. Colorea el tren de cubos para relacionarlo con el enunciado de suma del Ejercicio 4.

Capítulo 5

Revisión de la lección (CC.K.OA.3)

○ 7 = 3 + 4   ○ 9 = 6 + 3

○ 7 = 5 + 2   ○ 10 = 7 + 3

· ·

Repaso en espiral (CC.K.CC.4c, CC.K.OA.4)

○ 5, 3, 4, 1, 2   ○ 1, 2, 4, 5, 3

○ 1, 2, 3, 4, 5   ○ 3, 5, 1, 2, 4

○   ○

○   ○

INSTRUCCIONES   1. ¿Qué enunciado de suma muestra un par de números que se relacione con el tren de cubos? Marca la respuesta. **(Lección 5.12)   2.** ¿Qué conjunto de números está en orden? Marca la respuesta. **(Lección 1.8)   3.** ¿Qué tren de cubos muestra una manera de formar 10? Marca la respuesta. **(Lesson 4.3)**

Práctica adicional del Capítulo 5

Lecciones 5.1 a 5.3 (págs. 169 a 180)

 1

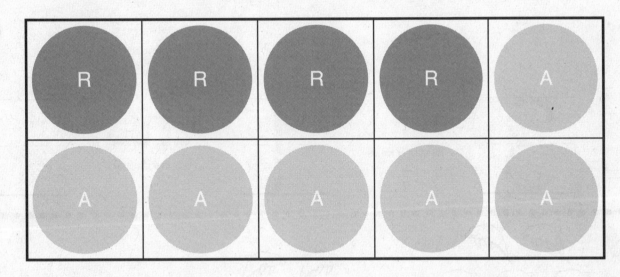

_____   _____

- - - - -   **y**   - - - - -

_____   _____

 2

 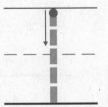

INSTRUCCIONES 1. Pon fichas en el cuadro de diez como se muestra. R significa rojo y A significa amarillo. ¿Cuántas fichas de cada color hay? Escribe los números. **2.** Plantea un problema de suma sobre los cachorros. Traza los números y los símbolos. Escribe el número que muestre cuántos cachorros hay ahora.

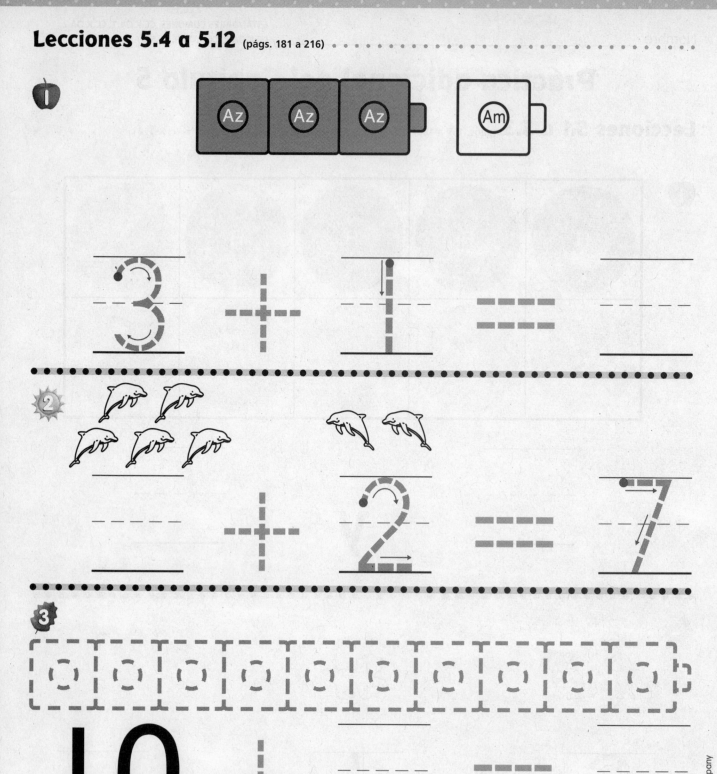

INSTRUCCIONES   1. Pon cubos como se muestra. Az significa azul y Am significa amarillo. Plantea un problema de suma. Haz un modelo de los cubos juntos. Dibuja el tren de cubos. Traza y escribe para completar el enunciado de suma.   **2.** Plantea un problema de suma. Encierra en un círculo el conjunto que se agrega. Escribe y completa el enunciado de suma.   **3.** Construye un tren con dos colores de cubos para mostrar un par de números que formen 10. Completa el enunciado de suma para mostrar un par de números para 10. Colorea el tren de cubos para relacionarlos con el enunciado de suma.

School-Home Letter

Dear Family,

My class started Chapter 6 this week. In this chapter, I will learn how to show subtraction.

Love, _____

Vocabulary

minus (−) a symbol that shows subtraction

minus

$$3 \overset{\downarrow}{-} 2 = 1$$

subtract to take apart or take from

Home Activity

Invite your child to act out subtraction word problems. For example, your child can show you five spoons, take away two spoons, and then tell you the subtraction sentence.

$$5 - 2 = 3$$

Literature

Look for these books at the library. You and your child will enjoy these books that strengthen subtraction skills.

Elevator Magic by Stuart J. Murphy. HarperCollins, 1997.

Ten Red Apples by Pat Hutchins. Greenwillow Books, 2000.

6

Carta
para la casa

Querida familia:

Mi clase comenzó el Capítulo 6 esta semana. En este capítulo, aprenderé cómo mostrar la resta.

Con cariño, _____

Vocabulario

menos (−) signo que indica la resta

signo de resta
↓
$3 - 2 = 1$

restar separar o quitar

Actividad para la casa

Anime a su niño a hacer una dramatización de problemas de resta. Por ejemplo, su niño puede mostrarle cinco cucharas, quitar dos y luego decirle el enunciado de resta.

$5 - 2 = 3$

Literatura

Busquen estos libros en la biblioteca. Usted y su niño disfrutarán de estos libros interactivos que fortalecerán las destrezas para restar.

Elevator Magic por Stuart J. Murphy. HarperCollins, 1997.

Ten Red Apples por Pat Hutchins. Greenwillow Books, 2000.

Nombre _____

La resta: Quitar

ESTÁNDARES COMUNES CC.K.OA.1
Understand addition as putting together and adding to, and understand subtraction as taking apart and taking from.

1

_____   _____

- - - - - - -   - - - - - - -

_____   quita   _____

_____

- - - - - - -

_____

INSTRUCCIONES   1. Plantea un problema de resta sobre los niños. Escribe el número que muestre cuántos niños hay en total. Escribe el número que muestre cuántos niños se van. Escribe el número que muestre cuántos niños se quedan.

Revisión de la lección (CC.K.OA.1)

1

3 quita 1

1	2	3	4
○	○	○	○

Repaso en espiral (CC.K.CC.5, CC.K.OA.2)

2

_____ + 3 === 8

2	3	4	5
○	○	○	○

3

○	○	○	○	○

○ ○ ○ ○

INSTRUCCIONES   1. ¿Qué número muestra cuántas ranas quedan? Marca la respuesta. **(Lección 6.1)   2.** ¿Qué número completa el enunciado de suma sobre los conjuntos de pájaros? Marca la respuesta. **(Lección 5.7).   3.** ¿Cuántas fichas más pondrías para hacer el modelo de una manera de formar 8? Marca la respuesta. **(Lección 3.5)**

Nombre _____

La resta: Separar

ESTÁNDARES COMUNES CC.K.OA.1
Understand addition as putting together and adding to, and understand subtraction as taking apart and taking from.

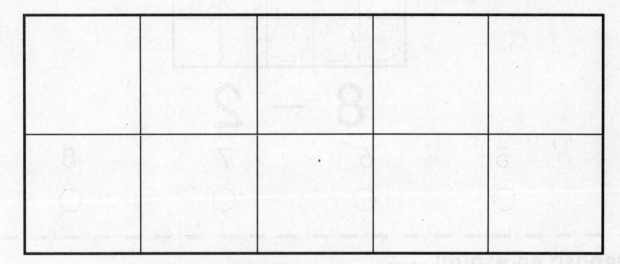

9   menos   3

_____   _____

- - - - -   ▬▬▬   - - - - -

_____   _____

_____

- - - - -

_____

INSTRUCCIONES 1. Escucha el problema de resta. Jane tiene nueve fichas. Tres fichas son rojas. El resto de las fichas son amarillas. ¿Cuántas son amarillas? Pon nueve fichas en el cuadro de diez. Dibuja y colorea las fichas. Escribe el número que muestre cuántas hay en total. Escribe el número que muestre cuántas son rojas. Escribe el número que muestre cuántas son amarillas.

Capítulo 6

Revisión de la lección (CC.K.OA.1)

1

8 − 2

5	6	7	8
○	○	○	○

Repaso en espiral (CC.K.CC.6)

2

2	3	4	5
○	○	○	○

3

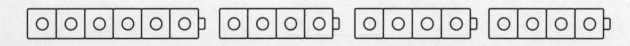

○	○	○	○

INSTRUCCIONES **1.** Clyde tiene ocho fichas. Dos son amarillas. El resto son rojas. ¿Cuántas son rojas? Marca la respuesta. **(Lección 6.2)** **2.** Marca el número que sea mayor que el número de objetos. **(Lección 2.5)** **3.** Compara los trenes de cubos. Marca el tren de cubos que tenga el mayor número de cubos. **(Lección 4.5)**

PII2 ciento doce

© Houghton Mifflin Harcourt Publishing Company

PREPARACIÓN PARA LA PRUEBA

Nombre _____

Resolución de problemas •
Representar problemas de resta

ESTÁNDARES COMUNES CC.K.OA.1
Understand addition as putting together and adding to, and understand subtraction as taking apart and taking from.

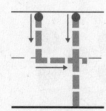 

INSTRUCCIONES   1–2. Plantea un problema de resta sobre los castores. Traza los números y los signos. Escribe el número que muestre cuántos castores quedan.   **2.** Dibuja para mostrar lo que sabes sobre el enunciado de resta. Escribe cuántos quedan. Explícale a un amigo sobre tu dibujo.

Revisión de la lección (CC.K.OA.1)

1

$$5 - 4 = \underline{}$$

1	2	3	4
◯	◯	◯	◯

Repaso en espiral (CC.K.CC.3, CC.K.CC.5)

2

6	7	8	9
◯	◯	◯	◯

3

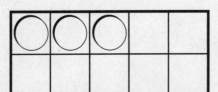

    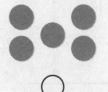

◯   ◯   ◯   ◯

INSTRUCCIONES   1. ¿Qué número muestra cuántos pájaros quedan?
Marca la respuesta. **(Lección 6.3)   2.** Cuenta y di cuántas abejas hay. Marca la
respuesta. **(Lección 3.8)   3.** ¿Cuántas fichas más pondrías para hacer el modelo de
una manera de formar 7? Marca la respuesta. **(Lección 3.3)**

Nombre _____

Álgebra • Hacer un modelo y dibujar problemas de resta

ESTÁNDARES COMUNES CC.K.OA.5
Understand addition as putting together and adding to, and understand subtraction as taking apart and taking from.

1

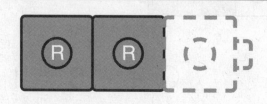

2

 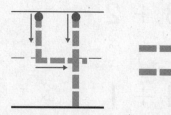 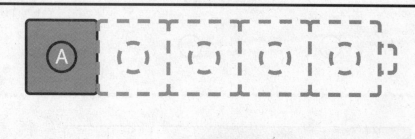

INSTRUCCIONES 1. Haz un modelo de un tren de tres cubos. Dos cubos son rojos y el resto son azules. Separa los cubos del tren para mostrar cuántos cubos son azules. Dibuja y colorea los trenes de cubos. Traza y escribe para completar el enunciado de resta. **2.** Haz el modelo de un tren de cinco cubos. Un cubo es amarillo y el resto son verdes. Separa los cubos del tren para mostrar cuántos cubos son verdes. Dibuja y colorea los trenes de cubos. Traza y escribe para completar el enunciado de resta.

Revisión de la lección (CC.K.OA.5)

○ 5 − 1 = 4   ○ 4 − 3 = 1

○ 5 − 2 = 3   ○ 4 − 2 = 2

Repaso en espiral (CC.K.CC.2, CC.K.OA.3)

2

5 ___ 7 8 9 10

3   4   5   6

○   ○   ○   ○

3

○ 5 = 3 + 2   ○ 8 = 5 + 3

○ 5 = 4 + 1   ○ 8 = 6 + 2

INSTRUCCIONES 1. Ellie hace el tren de cubos que se muestra. Ella separa los cubos del tren para mostrar cuántos cubos son grises. Marca el enunciado de resta que muestre el tren de cubos de Ellie. **(Lección 6.4) 2.** Empieza en el 5. Cuenta hacia adelante. Marca el número que complete el espacio. **(Lección 4.4) 3.** ¿Qué enunciado de suma muestra un par de números que se relacione con el tren de cubos? Marca la respuesta. **(Lección 5.10)**

Nombre _____

Álgebra • Escribir enunciados de resta

ESTÁNDARES COMUNES CC.K.OA.5
Understand addition as putting together and adding to, and understand subtraction as taking apart and taking from.

1

 —  = _____

2

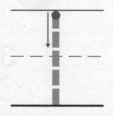 — = _____

3

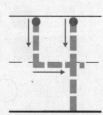 —   = _____

INSTRUCCIONES   1–3. Escucha el problema de resta sobre los animales. Hay _____ _____. Unos cuantos se quitan del conjunto. Ahora hay _____. ¿Cuántos se quitaron del conjunto? Encierra en un círculo y marca una X para mostrar cuántos se quitan del conjunto. Traza y escribe para completar el enunciado de resta.

Capítulo 6

Revisión de la lección (CC.K.OA.5)

1

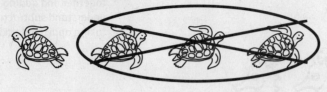

$$4 - \underline{} = 1$$

1   2   3   4
○   ○   ○   ○

Repaso en espiral (CC.K.CC.5, CC.K.CC.6)

1   2   3   4
○   ○   ○   ○

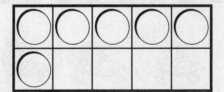

       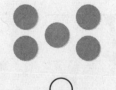

○   ○   ○   ○

INSTRUCCIONES **1.** Marca el número que muestre cuántos se quitan del conjunto. **(Lección 6.5)** **2.** Marca el número que sea mayor que el número de fichas. **(Lección 2.2)** **3.** ¿Cuántas fichas más pondrías para hacer el modelo de una manera de formar 9? Marca la respuesta. **(Lección 3.7)**

Álgebra • Escribir más enunciados de resta

ESTÁNDARES COMUNES CC.K.OA.2
Understand addition as putting together and adding to, and understand subtraction as taking apart and taking from.

1

_____ − 4 = 3

2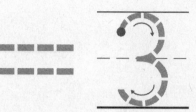

_____ − 3 = 6

3

_____ − 1 = 5

INSTRUCCIONES   1–3. Escucha un problema de resta sobre las aves. Hay algunas aves. _____ se quitan del conjunto. Dibuja más aves para mostrar con cuántas empezaste. ¿Con cuántas aves comenzaste? Escribe el número para completar el enunciado de resta.

Revisión de la lección (CC.K.OA.2)

 1

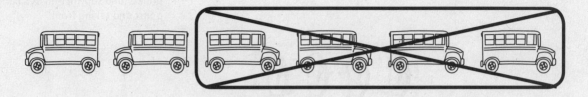

$$\underline{\qquad} - 4 = 2$$

5	6	7	8
○	○	○	○

Repaso en espiral (CC.K.CC.3, CC.K.CC.4c)

 2

4	5	6	7
○	○	○	○

3

○ 1, 2, 3, 4, 5   ○ 2, 4, 3, 5, 1

○ 1, 3, 4, 2, 5   ○ 3, 2, 1, 4, 5

INSTRUCCIONES **1.** Marca el número que complete el enunciado de resta. (Lección 6.6) **2.** ¿Cuántas loncheras hay? Marca la respuesta. (Lección 3.4) **3.** ¿Qué conjunto de números está en orden? Marca la respuesta. (Lección 1.8)

Nombre _____

Álgebra • Suma y resta

ESTÁNDARES COMUNES CC.K.OA.2
Understand addition as putting together and adding to, and understand subtraction as taking apart and taking from.

INSTRUCCIONES 1–2. Plantea un problema de suma o de resta.
Suma o resta usando cubos. Completa el enunciado numérico.

Capítulo 6

Revisión de la lección (CC.K.OA.2)

○ 3 + 5 = 8   ○ 8 − 3 = 5

○ 5 + 3 = 8   ○ 8 − 5 = 3

Repaso en espiral (CC.K.CC.7, CC.K.OA.3)

○ 10 = 7 + 3   ○ 8 = 6 + 2

○ 10 = 4 + 6   ○ 8 = 5 + 3

8

7   1   9   5

○   ○   ○   ○

INSTRUCCIONES   1. Marca el enunciado numérico que se relacione con la ilustración. **(Lección 6.7)   2.** ¿Qué enunciado de suma muestra un par de números que se relacione con el tren de cubos? Marca la respuesta. **(Lección 5.12)**
3. ¿Qué número es mayor que 8? Marca la respuesta. **(Lección 4.7)**

ESTÁNDARES COMUNES CC.K.OA.1, CC.K.OA.2, CC.K.OA.5

Práctica adicional del Capítulo 6

Lecciones 6.1 y 6.2 (págs. 225 a 232) ·

_____   _____

_ _ _ _   _ _ _ _

quita

_ _ _ _

· ·

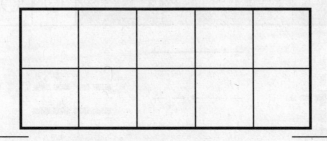

_____   _____

_ _ _ _   **▬ ▬ ▬**   _ _ _ _

_____   _____

_ _ _ _

INSTRUCCIONES 1. Plantea un problema de resta acerca de los niños. Escribe el número que muestre cuántos niños hay en total. Escribe el número que muestre cuántos niños se van. Escribe el número que muestre cuántos niños se quedan. **2.** Escucha el problema de resta. Jamal tiene ocho fichas. Dos fichas son amarillas. El resto son rojas. ¿Cuántas fichas son rojas? Dibuja y colorea ocho fichas en el cuadro de diez. Escribe el número que muestre cuántas hay en total. Escribe el número que muestre cuántas son amarillas. Escribe el número que muestre cuántas son rojas.

Lecciones 6.3 a 6.7 (págs. 233 a 252)

1

$$3 - 1 = \_\_\_$$

2

$$\_\_\_ - 3 = 5$$

3

$$\_\_\_ + \_\_\_ = \_\_\_$$

$$\_\_\_ - \_\_\_ = \_\_\_$$

INSTRUCCIONES **1.** Plantea un problema de resta acerca de los gatitos. Traza los números y los signos. Escribe el número que muestre cuántos gatitos quedan. **2.** Plantea un problema de resta cerca de los patos. Dibuja más patos para mostrar con cuántos empezaste. Escribe el número para completar el enunciado de resta. **3.** Plantea problemas de resta y de suma. Suma y resta usando cubos. Completa los enunciados numéricos.

School-Home Letter

Dear Family,

My class started Chapter 7 this week. In this chapter, I will learn how to show, count, and write numbers 11 to 19.

Love, _____

Vocabulary

eleven 10 ones and 1 one

sixteen 10 ones and 6 ones

nineteen 10 ones and 9 ones

Home Activity

Draw a ten frame on a sheet of paper. Write numbers 11 to 19 on small pieces of paper and place them face down in a pile. Have your child turn over the cards and use small objects, such as pennies, to model the numbers.

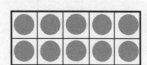

Literature

Look for this book at the library. You and your child will have fun looking at the pages while building your child's counting skills.

Bears at the Beach: Counting 10 to 20
by Niki Yektai.
Millbrook Press, 2001.

Carta para la casa

Querida familia:

Mi clase comenzó el Capítulo 7 esta semana. En este capítulo, aprenderé cómo mostrar, contar y escribir los números del 11 al 19.

Con cariño, _____

Vocabulario

once 10 unidades y 1 unidad

dieciséis 10 unidades y 6 unidades

diecinueve 10 unidades y 9 unidades

Actividad para la casa

Dibuje un cuadro de diez en una hoja. Escriba los números del 11 al 19 en trozos pequeños de papel y póngalos boca abajo en una pila. Pida a su niño que les dé vuelta a los papeles y que use objetos pequeños, como monedas de 1¢, para hacer modelos de los números.

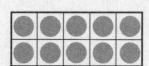

12

Literatura

Busquen este libro en la biblioteca. Usted y su niño se divertirán observando estas páginas mientras su niño refuerza las destrezas para contar.

Bears at the Beach: Counting 10 to 20 por Niki Yektai. Millbrook Press, 2001.

Hacer un modelo y contar 11 y 12

ESTÁNDARES COMUNES CC.K.NBT.1

Work with numbers 11–19 to gain foundations for place value.

12

doce

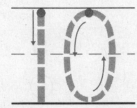

_____ unidades y _____ unidades

INSTRUCCIONES   1. Cuenta y di cuántos hay. Traza el número.   **2.** Usa fichas para mostrar el número 12. Dibuja las fichas.   **3.** Observa las fichas que dibujaste. ¿Cuántas unidades hay en el cuadro de diez? Traza el número. ¿Cuántas unidades más hay? Escribe el número.

Revisión de la lección (CC.K.NBT.1)

 12

 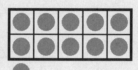 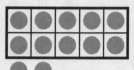

○   ○   ○   ○

Repaso en espiral (CC.K.CC.6, CC.K.OA.5)

$$4 + \underline{\quad} = 5$$

1   2   3   4

○   ○   ○   ○

○ ○ ○

2   3   4   5

○   ○   ○   ○

INSTRUCCIONES   1. ¿Qué conjunto de fichas muestra el número 12? Marca la respuesta.
(Lección 7.1). **2.** ¿Qué número completa el enunciado de suma sobre los conjuntos de aviones? Marca
la respuesta. (Lección 5.6). **3.** Marca el número que sea menor que el número de fichas. (Lección 2.3)

© Houghton Mifflin Harcourt Publishing Company

PREPARACIÓN PARA LA PRUEBA

Nombre _____

Contar y escribir 11 y 12

ESTÁNDARES COMUNES CC.K.CC.3
Know number names and the
count sequence.

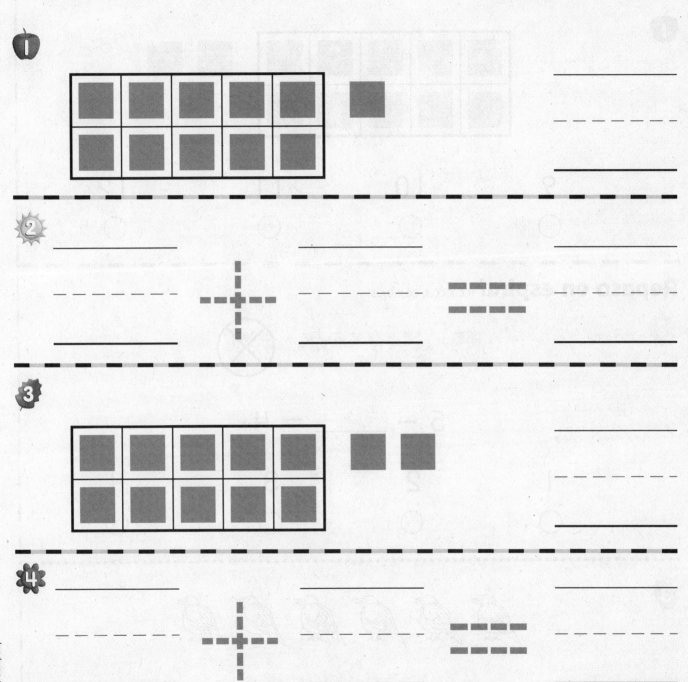

INSTRUCCIONES 1. Cuenta y di cuántas fichas cuadradas hay. Escribe el
número.   2. Observa las diez unidades y algunas unidades más del Ejercicio 1.
Completa el enunciado de suma para relacionar.   3. Cuenta y di cuántas fichas
cuadradas hay. Escribe el número.   4. Observa las diez unidades y algunas
unidades más del Ejercicio 3. Completa el enunciado de suma para relacionar.

Revisión de la lección (CC.K.CC.3)

1

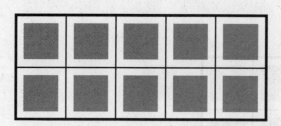

9   10   11   12

○   ○   ○   ○

Repaso en espiral (CC.K.CC.3, CC.K.OA.5)

$$5 - \underline{\quad} = 4$$

1   2   3   4

○   ○   ○   ○

6   5   4   3

○   ○   ○   ○

INSTRUCCIONES 1. ¿Cuántas fichas cuadradas hay? Marca la respuesta. (Lección 7.2) **2.** Marca el número que muestre cuántos se quitan del conjunto. (Lección 6.5) **3.** ¿Cuántos pájaros hay? Marca la respuesta. (Lección 3.2)

P130 ciento treinta

Hacer un modelo y contar 13 y 14

ESTÁNDARES COMUNES CC.K.NBT.1
Work with numbers 11–19 to gain
foundations for place value.

  ❶

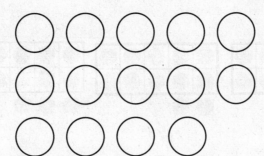

14

catorce

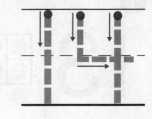

❷

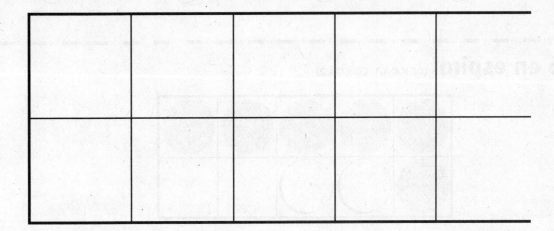

❸ 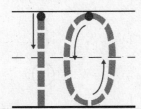 _____ **unidades y** _____ **unidades**

INSTRUCCIONES 1. Cuenta y di cuántas fichas hay. Traza el número. **2.** Usa fichas para
mostrar el número 14. Dibuja las fichas. **3.** Observa las fichas que dibujaste. ¿Cuántas unidades
hay en el cuadro de diez? Traza el número. ¿Cuántas unidades más hay? Escribe el número.

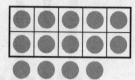
Revisión de la lección (CC.K.NBT.1)

13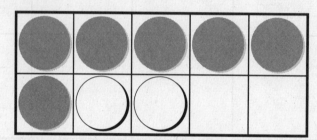

○　　　○　　　○　　　○

Repaso en espiral (CC.K.OA.1, CC.K.OA.2)

$$3 + 2 \qquad 4 + 4 \qquad 5 + 1 \qquad 6 + 2$$

○　　　○　　　○　　　○

$$\underline{\hspace{2cm}} - 1 = 5$$

5　　　　6　　　　7　　　　8

○　　　○　　　○　　　○

INSTRUCCIONES **1.** ¿Qué conjunto de fichas muestra el número 13? Marca la respuesta. **(Lección 7.3)** **2.** Observa las fichas del cuadro de diez. ¿Qué par de números muestran los conjuntos de fichas? Marca la respuesta. **(Lección 5.2)** **3.** Marca el número que complete el enunciado de resta. **(Lección 6.6)**

Contar y escribir 13 y 14

ESTÁNDARES COMUNES CC.K.CC.3
Know number names and the count sequence.

1

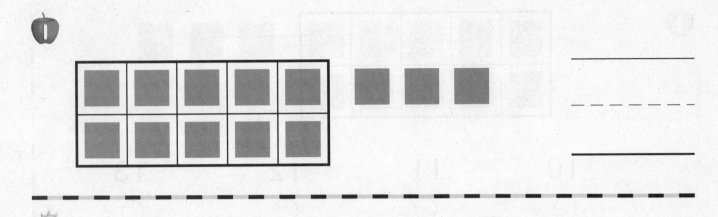

_ _ _ _ _ _ _ _ _ _

- - - - - - - - - -

_ _ _ _ _ _ _ _ _ _

2

3

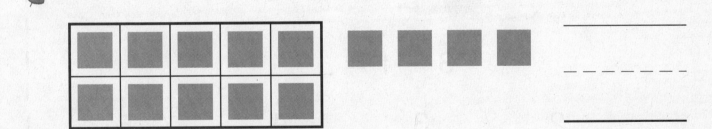

4

INSTRUCCIONES **1.** Cuenta y di cuántas fichas cuadradas hay. Escribe el número. **2.** Observa las diez unidades y algunas unidades más del Ejercicio 1. Completa el enunciado de suma para relacionar. **3.** Cuenta y di cuántas fichas cuadradas hay. Escribe el número. **4.** Observa las diez unidades y algunas unidades más del Ejercicio 3. Completa el enunciado de suma para relacionar.

Revisión de la lección (CC.K.CC.3)

 1

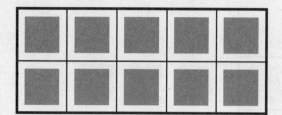

10   11   12   13

○   ○   ○   ○

Repaso en espiral (CC.K.CC.4c, CC.K.OA.1)

2

$$3 - 1 = \underline{\qquad}$$

2   3   4   5

○   ○   ○   ○

 3

5, 4, 1, 2, 3 | 1, 2, 3, 4, 5 | 3, 1, 4, 5, 2 | 1, 2, 5, 3, 4

○   ○   ○   ○

INSTRUCCIONES 1. ¿Cuántas fichas cuadradas hay? Marca la respuesta. **(Lección 7.4) 2.** Marca el número que muestre cuántos gatitos quedan. **(Lección 6.3) 3.** ¿Qué conjunto de números está en orden? Marca la respuesta. **(Lección 1.8)**

Hacer un modelo, contar y escribir 15

ESTÁNDARES COMUNES CC.K.NBT.1
Work with numbers 11–19 to gain foundations for place value.

15
quince

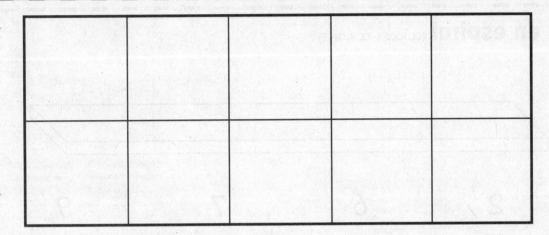

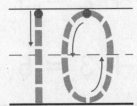 unidades y _____ unidades

INSTRUCCIONES **1.** Cuenta y di cuántas figuras hay. Traza el número. **2.** Usa fichas para mostrar el número 15. Dibuja las fichas. **3.** Observa las fichas que dibujaste. ¿Cuántas unidades hay en el cuadro de diez? Traza el número. ¿Cuántas unidades más hay? Escribe el número.

Revisión de la lección (CC.K.NBT.1)

1 15

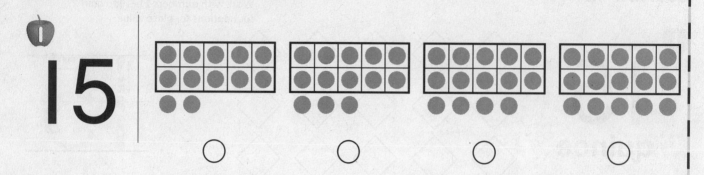

◯   ◯   ◯   ◯

Repaso en espiral (CC.K.CC.6, CC.K.OA.5)

2

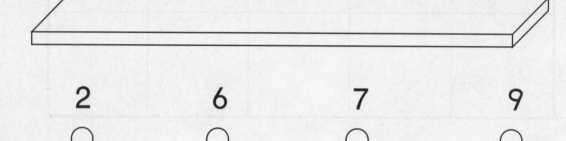

2   6   7   9

◯   ◯   ◯   ◯

3

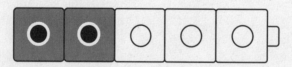

◯ 1 + 2 = 3   ◯ 2 + 2 = 4

◯ 1 + 3 = 4   ◯ 2 + 3 = 5

INSTRUCCIONES   1. ¿Qué conjunto de fichas muestra el número 15? Marca la respuesta.
(Lección 7.5)   2. Dibuja para resolver el problema. El número de platos en el estante es dos menos que 8. ¿Cuántos platos hay en el estante? Marca la respuesta. **(Lección 3.9).   3.** ¿Qué enunciado de suma muestra los cubos que se juntan? Marca la respuesta. **(Lección 5.4)**

Nombre _____

Resolución de problemas • Usar los números hasta el 15

ESTÁNDARES COMUNES CC.K.CC.3
Know number names and the count sequence.

_____ **plantas de zanahoria**

INSTRUCCIONES En la huerta hay 15 vegetales. Están plantados en hileras de 5. En cada hilera hay 2 plantas de zanahoria y 3 plantas de papa. ¿Cuántas plantas de zanahoria hay en la huerta? Dibuja para resolver el problema.

Revisión de la lección (CC.K.CC.3)

9	11	14	15
○	○	○	○

Repaso en espiral (CC.K.OA.2, CC.K.OA.4)

2

$$\underline{\quad} - 5 = 3$$

6	7	8	9
○	○	○	○

3

$$6 + \underline{\quad} = 10$$

1	3	4	5
○	○	○	○

INSTRUCCIONES **1.** ¿Cuántas fichas cuadradas hay? Marca la respuesta.
(Lección 7.6) **2.** Marca el número que complete el enunciado de resta. (Lección 6.6)
3. Marca el número que forme 10 cuando se junta con el número dado. (Lección 5.5)

Nombre _____

Hacer un modelo y contar 16 y 17

ESTÁNDARES COMUNES CC.K.NBT.1

Work with numbers 11–19 to gain foundations for place value.

①

17
diecisiete

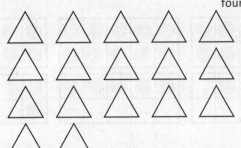

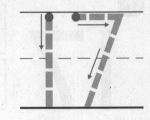

②

③

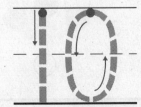 unidades y _____ unidades

---

INSTRUCCIONES 1. Cuenta y di cuántas figuras hay. Traza el número. **2.** Pon fichas en los cuadros de diez para mostrar el número 17. Dibuja las fichas. **3.** Observa las fichas que dibujaste en los cuadros de diez. ¿Cuántas unidades hay en el cuadro de diez de arriba? Traza el número. ¿Cuántas unidades hay en el cuadro de diez de abajo? Escribe el número.

Capítulo 7

ciento treinta y nueve **P139**

Revisión de la lección <small>(CC.K.NBT.1)</small>

1

17

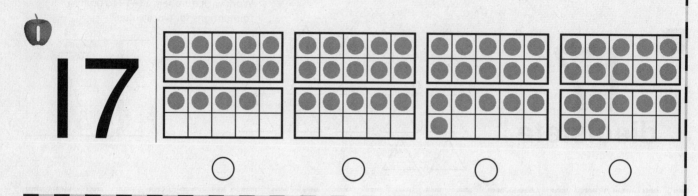

○   ○   ○   ○

Repaso en espiral <small>(CC.K.CC.4b, CC.K.OA.1)</small>

2

$$2 + 1 = \underline{\quad}$$

1   2   3   4

○   ○   ○   ○

3

5

○   ○   ○   ○

INSTRUCCIONES 1. ¿Qué conjunto de fichas muestra el número 17? Marca la respuesta. **(Lección 7.7) 2.** ¿Cuántos cachorros hay en total? Marca la respuesta. **(Lección 5.3) 3.** ¿Qué conjunto muestra el número? Marca la respuesta. **(Lección 1.6)**

Contar y escribir 16 y 17

ESTÁNDARES COMUNES CC.K.CC.3
Know number names and the
count sequence.

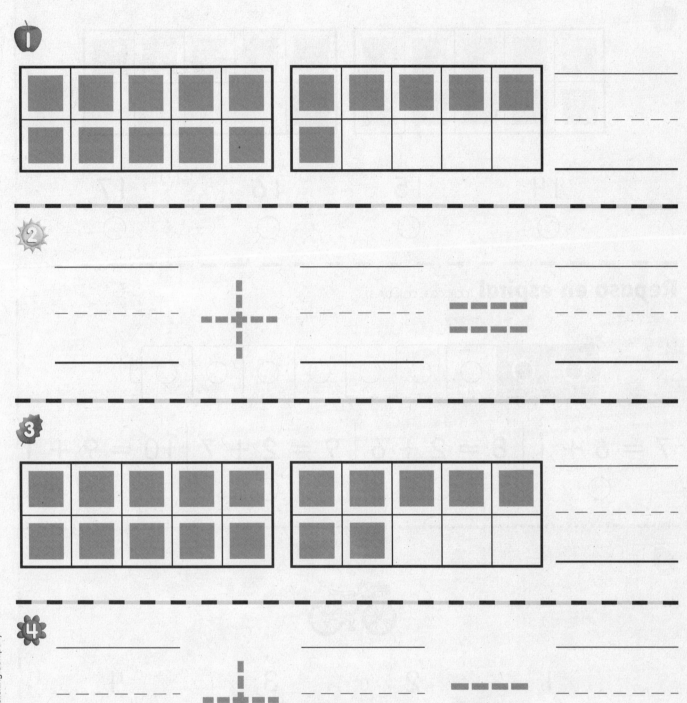

INSTRUCCIONES 1. Cuenta y di cuántas fichas cuadradas hay. Escribe el número. **2.** Observa los cuadros de diez del Ejercicio 1. Completa el enunciado de suma para relacionar. **3.** Cuenta y di cuántas fichas cuadradas hay. Escribe el número. **4.** Observa los cuadros de diez del Ejercicio 3. Completa el enunciado de suma para relacionar.

Revisión de la lección (CC.K.CC.3)

1

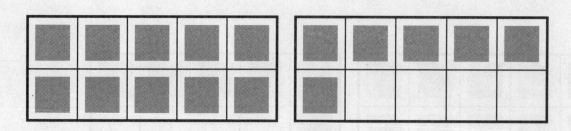

14   15   16   17

◯   ◯   ◯   ◯

Repaso en espiral (CC.K.CC.3, CC.K.OA.3)

 2

$7 = 6 + 1$ | $8 = 2 + 6$ | $9 = 2 + 7$ | $10 = 9 + 1$

◯   ◯   ◯   ◯

 3

1   2   3   4

◯   ◯   ◯   ◯

INSTRUCCIONES **1.** ¿Cuántas fichas cuadradas hay? Marca la respuesta. (Lección 7.8) **2.** ¿Qué enunciado de suma muestra un par de números que se relacione con el tren de cubos? Marca la respuesta. (Lección 5.11) **3.** ¿Cuántas bicicletas hay? Marca la respuesta. (Lección 1.2)

P142 ciento cuarenta y dos

© Houghton Mifflin Harcourt Publishing Company

Hacer un modelo y contar 18 y 19

ESTÁNDARES COMUNES CC.K.NBT.1
Work with numbers 11–19 to gain foundations for place value.

1

19
diecinueve

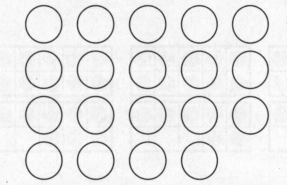

2

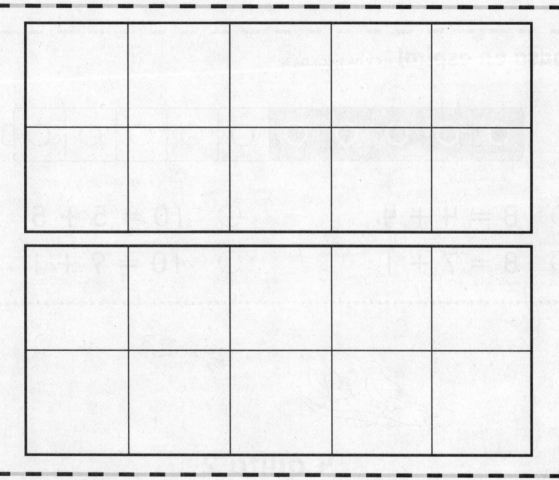

3

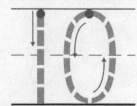 unidades y _____ unidades

INSTRUCCIONES **1.** Cuenta y di cuántas fichas hay. Traza el número. **2.** Pon fichas en el cuadro de diez para mostrar el número 19. Dibuja las fichas. **3.** Observa las fichas que dibujaste en los cuadros de diez. ¿Cuántas unidades hay en el cuadro de diez de arriba? Traza el número. ¿Cuántas unidades hay en el cuadro de diez de abajo? Traza el número. ¿Cuántas unidades más hay? Escribe los números.

Revisión de la lección (CC.K.NBT.1)

1 18

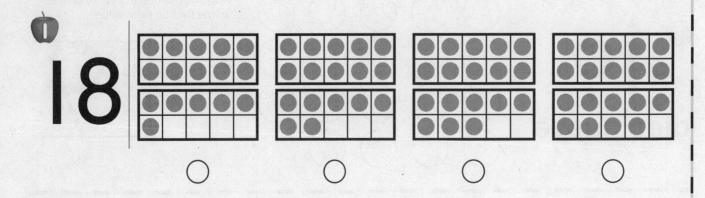

○　　　○　　　○　　　○

Repaso en espiral (CC.K.OA.1, CC.K.OA.3)

2

○ $8 = 4 + 4$　　　○ $10 = 5 + 5$

○ $8 = 7 + 1$　　　○ $10 = 9 + 1$

3

4 quita 2

1　　　2　　　6　　　7

○　　　○　　　○　　　○

INSTRUCCIONES **1.** ¿Qué conjunto de fichas muestra el número 18? Marca la respuesta. **(Lección 7.9)** **2.** ¿Qué enunciado de suma muestra un par de números relacionado con el tren de cubos? Marca la respuesta. **(Lección 5.12)** **3.** ¿Qué número muestra cuántos pájaros quedan? Marca la respuesta. **(Lección 6.1)**

Contar y escribir 18 y 19

ESTÁNDARES COMUNES CC.K.CC.3
Know number names and the
count sequence.

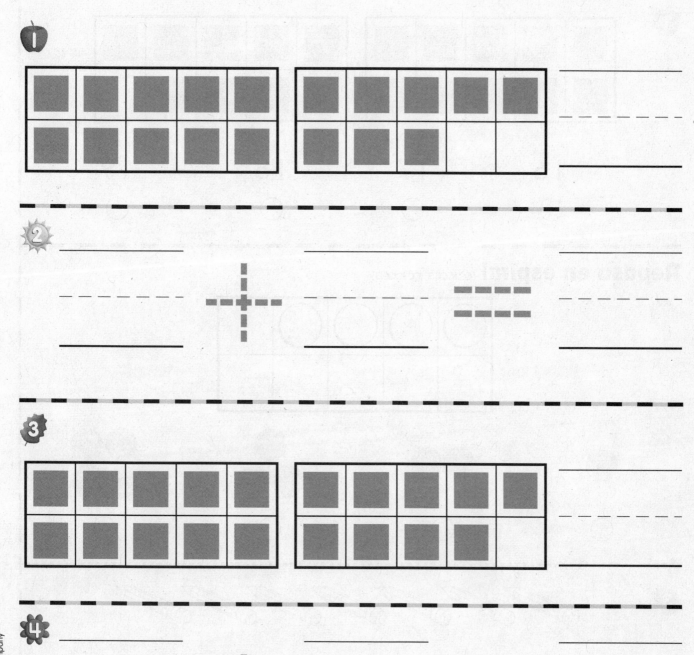

1

2 _____ _____

3

4

INSTRUCCIONES 1. Cuenta y di cuántas fichas cuadradas hay. Escribe el número. **2.** Observa los cuadros de diez del Ejercicio 1. Completa el enunciado de suma para relacionar. **3.** Cuenta y di cuántas fichas cuadradas hay. Escribe el número. **4.** Observa los cuadros de diez del Ejercicio 3. Completa el enunciado de suma para relacionar.

Revisión de la lección (CC.K.CC.3)

1

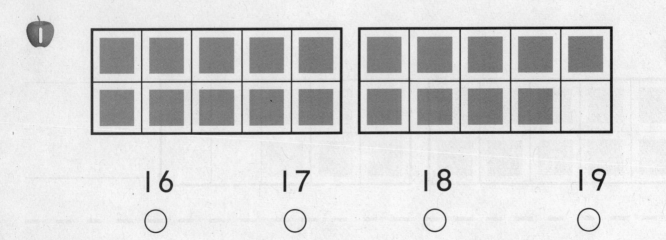

16 ○   17 ○   18 ○   19 ○

Repaso en espiral (CC.K.CC.3, CC.K.CC.5)

2

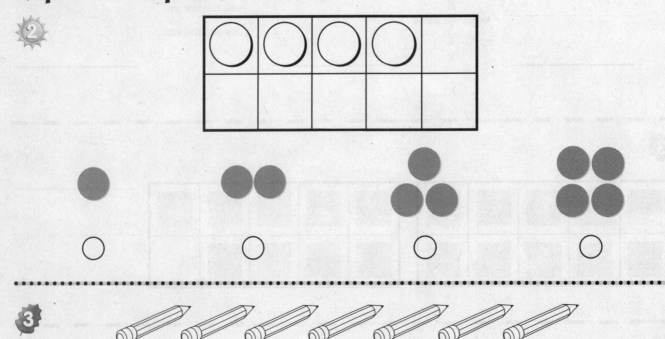

○   ○   ○   ○

3

5 ○   6 ○   7 ○   8 ○

INSTRUCCIONES **1.** ¿Cuántas fichas cuadradas hay? Marca la respuesta.
(Lección 7.10)   **2.** ¿Cuántas fichas más pondrías para hacer el modelo de una manera
de formar 8? Marca la respuesta.   (Lección 3.5)   **3.** ¿Cuántos lápices hay? Marca
la respuesta.   (Lección 3.4)

P146   ciento cuarenta y seis

ESTÁNDARES COMUNES CC.K.CC.3, CC.K.NBT.1

Práctica adicional del Capítulo 7

Lecciones 7.1 a 7.5 (págs. 261 a 280)

 1

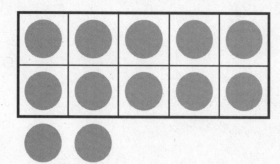

 _____

unidades y _____ unidades

 2

 3

INSTRUCCIONES 1. Observa las fichas. ¿Cuántas unidades hay en el cuadro de diez? Traza el número. ¿Cuántas unidades más hay? Escribe el número. **2.** Cuenta y di cuántas fichas cuadradas hay. Escribe el número. **3.** Mira las diez unidades y algunas unidades más en el Ejercicio 2. Completa el enunciado de suma para relacionar.

1

_____

_ _ _ _ _

_____ **corazones**

2

3

_____   _____   _____

INSTRUCCIONES **1.** Maya tiene 15 adhesivos. Los pega en una hoja, en hileras de 5. En cada hilera hay 2 flores y 3 corazones. ¿Cuántos corazones hay en la página? Dibuja para resolver el problema. Escribe cuántos corazones hay en la página. **2.** Cuenta y di cuántas fichas cuadradas hay. Escribe el número. **3.** Observa los cuadros de diez en el Ejercicio 2. Completa el enunciado de suma para relacionar.

School-Home Letter

Dear Family,

My class started Chapter 8 this week. In this chapter, I will learn how to show, count, and write numbers to 20 and beyond.

Love, _____

Vocabulary

twenty I ten and 10 ones

🍎🍎🍎🍎🍎🍎🍎🍎🍎🍎
🍎🍎🍎🍎🍎🍎🍎🍎🍎🍎

20

Home Activity

Make a set of number flash cards. Ask your child to lay out 20 cards to model what a set of 20 objects looks like. Then ask your child to place the number cards in the correct order from 1 to 20. Have your child point to each card and count forward from the number 1.

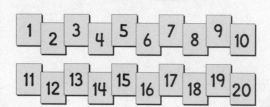

Literature

Look for these books at the library. Your child will enjoy these fun books while continuing to build counting skills.

20 Hungry Piggies by Trudy Harris. Millbrook Press, 2006.

Count! by Denise Fleming. Henry Holt and Co., 1995.

© Houghton Mifflin Harcourt Publishing Company

Carta
para la casa

Querida familia:

Mi clase comenzó el Capítulo 8 esta semana. En este capítulo aprenderé cómo mostrar, contar y escribir los números hasta el 20 y en adelante.

Con cariño, _____

Vocabulario

veinte una decena y 10 unidades

20

Actividad para la casa

Tome un conjunto de tarjetas nemotécnicas con números. Pida a su niño que separe 20 tarjetas para mostrar cómo es un conjunto de 20. Luego pídale que ponga las tarjetas en el orden correcto del 1 al 20. Pídale que señale cada tarjeta y que cuente hacia adelante desde el número 1.

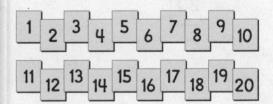

Literatura

Busquen estos libros en la biblioteca. Su niño disfrutará de estos libros divertidos mientras adquiere las destrezas de contar.

20 Hungry Piggies
por Trudy Harris. Millbrook Press, 2006.

Count! por Denise Fleming. Henry Holt and Co., 1995.

Hacer un modelo y contar 20

ESTÁNDARES COMUNES CC.K.CC.5
Count to tell the number of objects.

1

_____

_ _ _ _ _ _ _ _

_____

2

_____

_ _ _ _ _ _ _ _

_____

INSTRUCCIONES 1–2. Cuenta y di cuántas frutas hay. Escribe el número.
Explícale a un amigo cómo contaste la fruta.

Revisión de la lección (CC.K.CC.5)

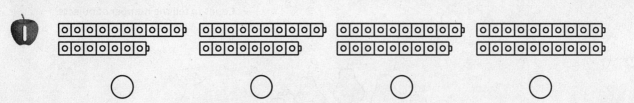

Repaso en espiral (CC.K.OA.5, CC.K.NBT.1)

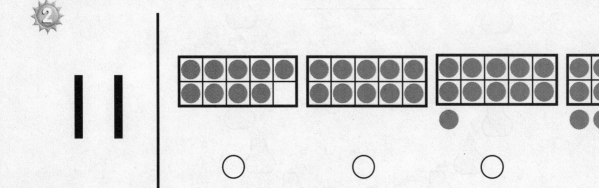

◯   ◯   ◯   ◯

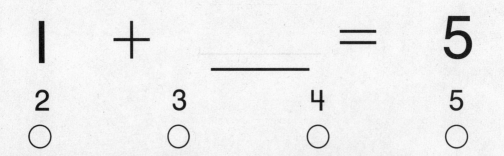

$$1 + \underline{\quad} = 5$$

2   3   4   5
◯   ◯   ◯   ◯

INSTRUCCIONES 1. ¿Qué conjunto de cubos es el modelo del número 20? Marca la respuesta. (Lección 8.1)   2. ¿Qué conjunto de fichas muestra el número 11? Marca la respuesta. (Lección 7.1)   3. ¿Qué número completa el enunciado de suma sobre los conjuntos de botes? Marca la respuesta. (Lección 5.6)

P152 ciento cincuenta y dos

Nombre _____

Contar y escribir 20

Revisión de la lección (CC.K.CC.3)

17	18	19	20
○	○	○	○

Repaso en espiral (CC.K.OA.5, CC.K.NBT.1)

14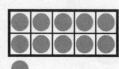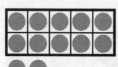

○ $1 + 3 = 4$ ○ $2 + 1 = 3$

○ $1 + 4 = 5$ ○ $2 + 2 = 4$

INSTRUCCIONES **1.** Cuenta y di cuántas frutas hay. Marca la respuesta. **(Lección 8.2)** **2.** ¿Qué conjunto de fichas muestra el número 14? Marca la respuesta. **(Lección 7.3)** **3.** ¿Qué enunciado de suma muestra los cubos que se juntan? Marca la respuesta. **(Lección 5.4)**

Contar y ordenar hasta 20

ESTÁNDARES COMUNES CC.K.CC.2
Know number names and the
count sequence.

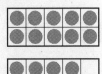 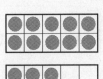 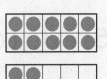 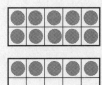

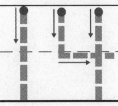

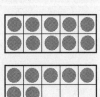 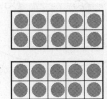 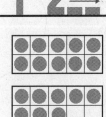 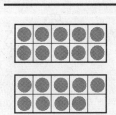

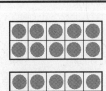

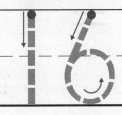

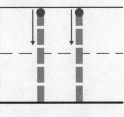

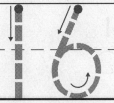

INSTRUCCIONES **1.** Cuenta las fichas de cada conjunto de cuadros de diez. Traza o escribe los números. **2.** Traza y escribe esos números en orden.

Capítulo 8

Revisión de la lección (CC.K.CC.2)

○ 14, 16, 13, 15   ○ 13, 14, 15, 16

○ 15, 13, 16, 14   ○ 16, 14, 15, 13

Repaso en espiral (CC.K.CC.3, CC.K.OA.2)

___ + 4 = 7

1   2   3   4
○   ○   ○   ○

GOMA   GOMA   GOMA   GOMA

4   3   2   1
○   ○   ○   ○

INSTRUCCIONES 1. ¿Qué conjunto de números está en orden? Marca la respuesta. (Lección 8.3)   2. ¿Qué número completa el enunciado de suma sobre los conjuntos de gatos? Marca la respuesta. (Lección 5.7)   3. ¿Cuántas gomas de borrar hay? Marca la respuesta. (Lección 1.4)

Nombre _____

Resolución de problemas • Comparar números hasta el 20

ESTÁNDARES COMUNES CC.K.CC.6
Compare numbers.

INSTRUCCIONES 1. Teni tiene 16 bayas. Ella tiene un número de bayas que es dos más que el de Marta. Usa cubos para hacer el modelo de los conjuntos de bayas. Compara los conjuntos. ¿Qué conjunto es más grande? Dibuja los cubos. Escribe cuántos hay en cada conjunto. Encierra en un círculo el número mayor. Explica a un amigo cómo comparaste los números. **2.** Ben tiene 18 peras. Sophia tiene un número de peras que es dos menos que el de Ben. Usa cubos para hacer el modelo de los conjuntos de peras. Compara los conjuntos. ¿Qué conjunto es más pequeño? Dibuja los cubos. Escribe cuántos hay en cada conjunto. Encierra en un círculo el número menor. Explica a un amigo cómo comparaste los números.

Revisión de la lección (CC.K.CC.6)

 1

○ ○ ○ ○

Repaso en espiral (CC.K.CC.6, CC.K.NBT.1)

 2

16

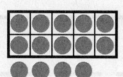 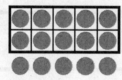 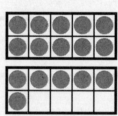 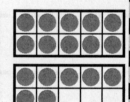

 ○ ○ ○ ○

 **3**

1	2	3	4
○	○	○	○

INSTRUCCIONES **1.** Compara los conjuntos. ¿Qué conjunto tiene un número de cubos que es dos menos que 20? Marca la respuesta. **(Lección 8.4)** **2.** ¿Qué conjunto de fichas muestra el número 16? Marca la respuesta. **(Lección 7.7)** **3.** Marca el número que sea mayor que el número de fichas. **(Lección 2.2)**

Nombre _____

Contar hasta 50 por unidades

ESTÁNDARES COMUNES CC.K.CC.1
Know number names and the
count sequence.

1

1	2	3	4	5	6	7	8	9	10
11	12	13	14	15	16	17	18	19	20
21	22	23	24	25	26	27	28	29	30
31	32	33	34	35	36	37	38	39	40
41	42	43	44	45	46	47	48	49	50

INSTRUCCIONES **1.** Mira hacia otro lado y señala cualquier número.
Encierra en un círculo ese número. Cuenta hacia adelante desde ese
número. Dibuja una línea debajo del número 50.

Revisión de la lección (CC.K.CC.1)

1	2	3	4	5	6	7	8	9	10
11	12	13	14	15	16	17	18	19	20
21	22	23	24	25	26	27	28	29	30

20	21	22	23
○	○	○	○

Repaso en espiral (CC.K.OA.1, CC.K.OA.3)

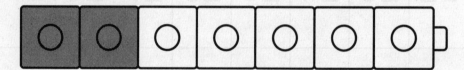

6 = 5 + 1	5 = 2 + 3	6 = 2 + 4	7 = 2 + 5
○	○	○	○

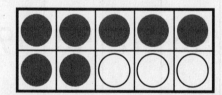

$$10 - 3$$

5	6	7	8
○	○	○	○

INSTRUCCIONES **1.** Empieza en 1 y cuenta hacia adelante hasta 20. ¿Qué número sigue? Marca la respuesta. **(Lección 8.5)** **2.** ¿Qué enunciado de suma muestra un par de números que se relacione con el tren de cubos? Marca la respuesta. **(Lección 5.9)** **3.** Shelley tiene 10 fichas. Tres fichas son blancas. El resto de las fichas son grises. ¿Cuántas son grises? Marca la respuesta. **(Lección 6.2)**

Nombre _____

Contar hasta 100 por unidades

ESTÁNDARES COMUNES CC.K.CC.1
Know number names and the
count sequence.

1	2	3	4	5	6	7	8	9	10
11	12	13	14	15	16	17	18	19	20
21	22	23	24	25	26	27	28	29	30
31	32	33	34	35	36	37	38	39	40
41	42	43	44	45	46	47	48	49	50
51	52	53	54	55	56	57	58	59	60
61	62	63	64	65	66	67	68	69	70
71	72	73	74	75	76	77	78	79	80
81	82	83	84	85	86	87	88	89	90
91	92	93	94	95	96	97	98	99	100

INSTRUCCIONES **1.** Señala cada número mientras cuentas hasta 100. Mira a otro lado y señala cualquier número. Encierra en un círculo ese número. Cuenta hacia adelante hasta 100 desde ese número. Dibuja una línea debajo del número 100.

Revisión de la lección (CC.K.CC.1)

1.

71	72	73	74	75	76	77	78	79	80
81	82	83	84	85	86	87	88	89	90
91	92	93	94	95	96	97	98	99	100

80 ○   81 ○   82 ○   90 ○

Repaso en espiral (CC.K.CC.6, CC.K.OA.5)

2.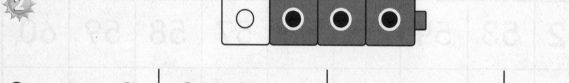

3 − 1 = 2 ○ | 3 − 2 = 1 ○ | 4 − 2 = 2 ○ | 4 − 3 = 1 ○

3.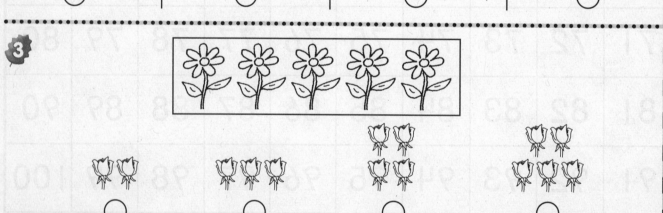

○   ○   ○   ○

INSTRUCCIONES 1. Empieza en 71 y cuenta hacia adelante hasta 80. ¿Qué número sigue? Marca la respuesta. (Lección 8.6) 2. Pete hace el tren de cubos que se muestra. Él separa el tren de cubos para mostrar cuántos cubos grises hay. Marca el enunciado de resta que muestra el tren de cubos de Pete. (Lección 6.4) 3. ¿Qué conjunto muestra que el número de rosas es igual al número de margaritas? (Lección 2.1)

Nombre _____

Contar hasta 100 por decenas

ESTÁNDARES COMUNES CC.K.CC.1
Know number names and the
count sequence.

51	52	53	54	55	56	57	58	59	60
61	62	63	64	65	66	67	68	69	70
71	72	73	74	75	76	77	78	79	80
81	82	83	84	85	86	87	88	89	90
91	92	93	94	95	96	97	98	99	100

INSTRUCCIONES **1.** Traza los números para completar el orden
de conteo hasta 100. Cuenta por decenas a medida que señalas los
números que trazaste.

Revisión de la lección (CC.K.CC.1)

1	2	3	4	5	6	7	8	9	10
11	12	13	14	15	16	17	18	19	20
21	22	23	24	25	26	27	28	29	30

17 ○ 20 ○ 23 ○ 30 ○

Repaso en espiral (CC.K.CC.3, CC.K.OA.5)

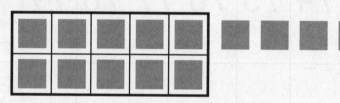

11 ○ 12 ○ 13 ○ 14 ○

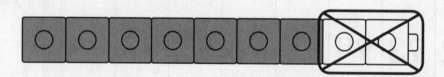

2 + 7 = 9 ○ | 7 + 2 = 9 ○ | 9 − 2 = 7 ○ | 9 − 7 = 2 ○

INSTRUCCIONES 1. Cuenta por decenas a medida que señalas los números de las casillas sombreadas. Empieza en el número 10. ¿En qué número terminas? Marca la respuesta.
(Lección 8.7) 2. ¿Cuántas fichas cuadradas hay? Marca la respuesta. (Lección 7.4)
3. Marca el enunciado numérico que se relacione con el dibujo. (Lección 6.7)

Nombre _____

Contar por decenas

ESTÁNDARES COMUNES CC.K.CC.1
Know number names and the
count sequence.

 1

20   **30**   **40**

 2

30   **40**   **50**

3

60   **70**   **80**

 4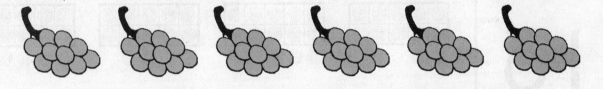

80   **90**   **100**

 5

80   **90**   **100**

INSTRUCCIONES I–5. Señala cada conjunto de 10 mientras cuentas por decenas. Encierra en un círculo el número que muestre cuántos hay.

Revisión de la lección (CC.K.CC.1)

| 60 | 70 | 80 | 90 |
| ○ | ○ | ○ | ○ |

Repaso en espiral (CC.K.OA.3, CC.K.NBT.1)

15

 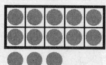 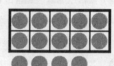 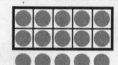

○   ○   ○   ○

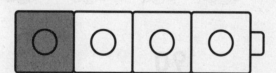

○ 4 = 1 + 3   ○ 5 = 1 + 4

○ 4 = 2 + 2   ○ 5 = 2 + 3

INSTRUCCIONES 1. Señala cada conjunto de 10 mientras cuentas por decenas. Marca el número que muestre cuántos crayones hay. (Lección 8.8) 2. ¿Qué conjunto muestra que el número 15? Marca la respuesta. (Lección 7.5) 3. ¿Qué enunciado de suma muestra un par de números que se relacione con el tren de cubos? Marca la respuesta. (Lección 5.8)

ESTÁNDARES COMUNES CC.K.CC.1, CC.K.CC.2,
CC.K.CC.3, CC.K.CC.5, CC.K.CC.6

Práctica adicional del Capítulo 8

Lecciones 8.1 a 8.4 (págs. 309 a 323)

 _____

_____

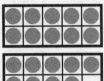 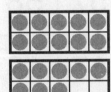 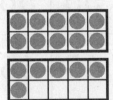 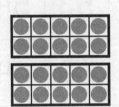 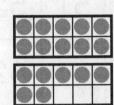

_____ _____ _____ _____ _____

_____ _____ _____ _____ _____

_____ _____ _____ _____ _____

_____ _____

_____ _____

INSTRUCCIONES 1. Cuenta y di cuántas frutas hay. Escribe el número. **2.** Cuenta las fichas de los cuadros de diez. Escribe los números. **3.** Mira los números que escribiste en el Ejercicio 2. Traza y escríbelos en orden. **4.** Gina tiene 18 cubos. Tiene un número de cubos que es uno más que el de Oscar. Compara los conjuntos de cubos. ¿Cuál es más grande? Escribe cuántos hay en cada conjunto. Encierra en un círculo el número mayor.

31	32	33	34	35	36	37	38	39	40
41	42	43	44	45	46	47	48	49	50
51	52	53	54	55	56	57	58	59	60
61	62	63	64	65	66	67	68	69	70
71	72	73	74	75	76	77	78	79	80
81	82	83	84	85	86	87	88	89	90
91	92	93	94	95	96	97	98	99	100

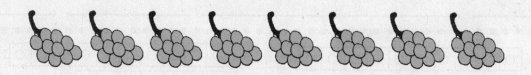

80   **90**   **100**

INSTRUCCIONES   1. Señala cada número mientras cuentas hacia adelante del 31 al 50. Dibuja una línea debajo del número 50. Señala cada número mientras cuentas hacia adelante del 50 al 100. Encierra en un círculo el número 100. Colorea las casillas de todos los números que terminen en cero. Cuenta por decenas mientras señalas los números de las casillas que coloreaste. **2.** Señala cada conjunto de 10 mientras cuentas por decenas. Encierra en un círculo el número que muestre cuántos hay.

School-Home Letter

Dear Family,

My class started Chapter 9 this week. In this chapter, I will learn how to identify, name, and describe two-dimensional shapes.

Love, _____

Vocabulary

curve a line that is rounded

vertex the point where two sides of a two-dimensional shape meet

← vertex

Home Activity

Spread out a group of household objects. Have your child point out the objects that look like circles, squares, and triangles.

Literature

Look for these books at the library. The pictures will capture your child's imagination.

Shapes, Shapes, Shapes by Tana Hoban. Greenwillow, 1996.

Color Farm by Lois Ehlert. HarperCollins, 1990.

Carta
para la casa

Querida familia:

Mi clase comenzó el Capítulo 9 esta semana. En este capítulo, aprenderé cómo identificar, nombrar y describir figuras bidimensionales.

Con cariño, _____

Vocabulario

curva una línea que no es recta

vértice el punto en donde se encuentran dos lados de una figura bidimensional

← vértice

Actividad para la casa

Dé a su niño varios objetos que encuentre en la casa y pídale que señale los que se parezcan a los cuadrados, círculos y triángulos.

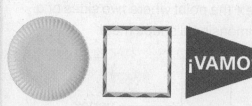
¡VAMOS!

Literatura

Busquen estos libros en la biblioteca. Las ilustraciones estimularán la imaginación de su niño.

Shapes, Shapes, Shapes
por Tana Hoban. Greenwillow, 1996.

Color Farm
por Lois Ehlert. Harper Collins, 1990.

Nombre _____

Identificar y nombrar círculos

ESTÁNDARES COMUNES CC.K.G.2
Identify and describe shapes (squares, circles, triangles, rectangles, hexagons, cubes, cones, cylinders, and spheres).

 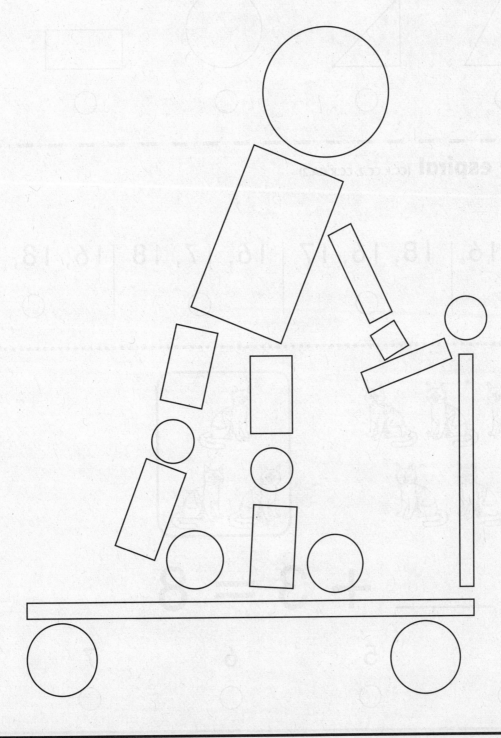

INSTRUCCIONES I. Colorea los círculos de la ilustración.

Revisión de la lección (CC.K.G.2)

 1

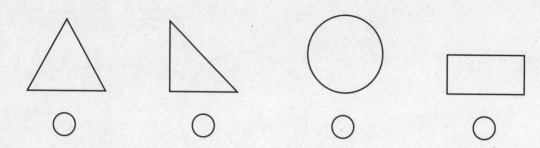

○   ○   ○   ○

Repaso en espiral (CC.K.CC.2, CC.K.OA.2)

 2

17, 18, 16 | 18, 16, 17 | 16, 17, 18 | 16, 18, 17

○   ○   ○   ○

3

$$\underline{\hspace{1.5cm}} + 3 = 8$$

4   5   6   7

○   ○   ○   ○

INSTRUCCIONES   1. ¿Qué figura es un círculo? Marca la respuesta.
(Lección 9.1)   2. ¿Qué conjunto de números está en orden? Marca la
respuesta. **(Lección 8.3)   3.** ¿Qué número completa el enunciado de suma sobre
los conjuntos de gatos? Marca la respuesta. **(Lección 5.7)**

P172 ciento setenta y dos

Nombre _____

Describir círculos

ESTÁNDARES COMUNES CC.K.G.4
Analyze, compare, create, and
compose shapes.

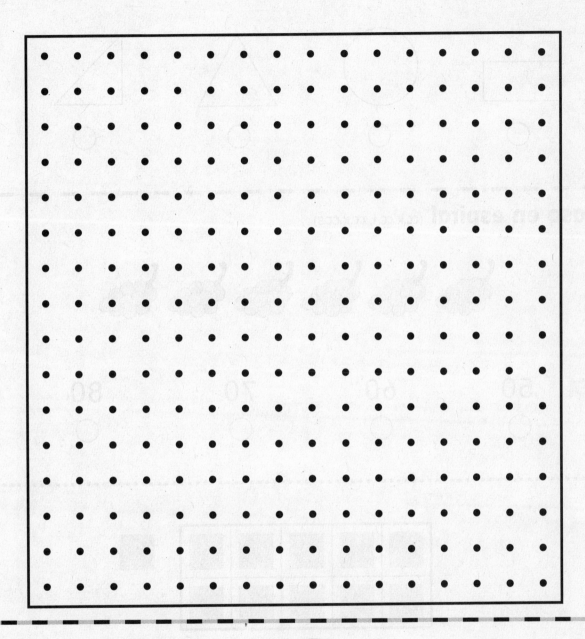

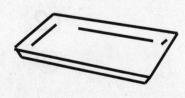  

INSTRUCCIONES **1.** Usa un lápiz para sujetar un extremo de un clip grande en uno de los puntos del centro. Pon otro lápiz en el otro extremo del clip. Mueve el lápiz para dibujar un círculo. **2.** Colorea el objeto que tenga forma de círculo.

Capítulo 9

ciento setenta y tres **P173**

Revisión de la lección (CC.K.G.4)

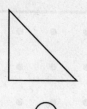

◯   ◯   ◯   ◯

Repaso en espiral (CC.K.CC.1, CC.K.CC.3)

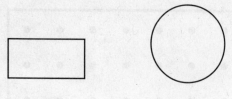

50   60   70   80
◯   ◯   ◯   ◯

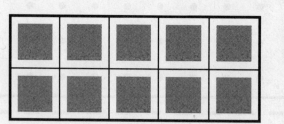

9   10   11   12
◯   ◯   ◯   ◯

INSTRUCCIONES   1. ¿Qué figura tiene curvas? Marca la respuesta.
(Lección 9.2)   2. Señala cada conjunto de 10 mientras cuentas por decenas.
Marca el número que muestre cuántas uvas hay. **(Lección 8.8)   3.** ¿Cuántas fichas
cuadradas hay? Marca la respuesta. **(Lección 7.2)**

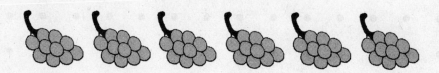

Nombre _____

Identificar y nombrar cuadrados

ESTÁNDARES COMUNES CC.K.G.2
Identify and describe shapes (squares, circles, triangles, rectangles, hexagons, cubes, cones, cylinders, and spheres).

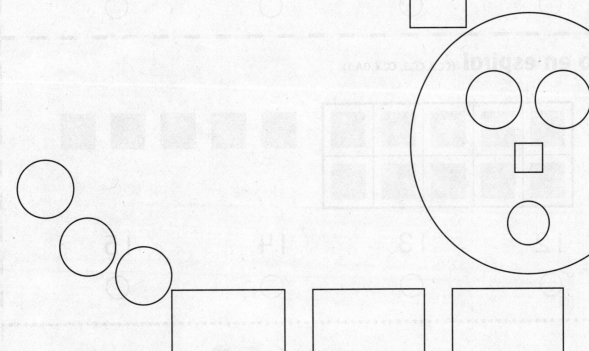

INSTRUCCIONES   1. Colorea los cuadrados de la ilustración.

Capítulo 9

Revisión de la lección (CC.K.G.2)

 1

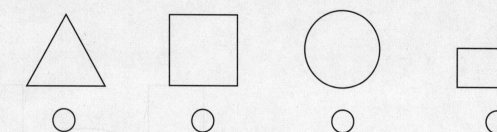

○   ○   ○   ○

Repaso en espiral (CC.K.CC.3, CC.K.OA.1)

 2

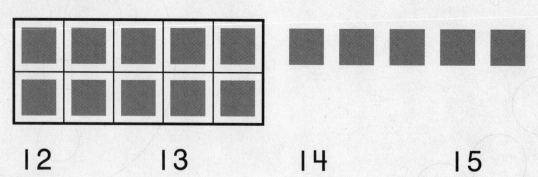

| 12 | 13 | 14 | 15 |
| ○ | ○ | ○ | ○ |

3

2   3   4   5
○   ○   ○   ○

INSTRUCCIONES   **1.** ¿Qué figura es un cuadrado? Marca la respuesta.
(Lección 9.3)   **2.** ¿Cuántas fichas cuadradas hay? Marca la respuesta. **(Lección 7.6)**
3. ¿Cuántos cachorros hay en total? Marca la respuesta. **(Lección 5.3)**

P176 ciento setenta y seis

Nombre _____

Describir cuadrados

ESTÁNDARES COMUNES CC.K.G.4
Analyze, compare, create, and compose shapes.

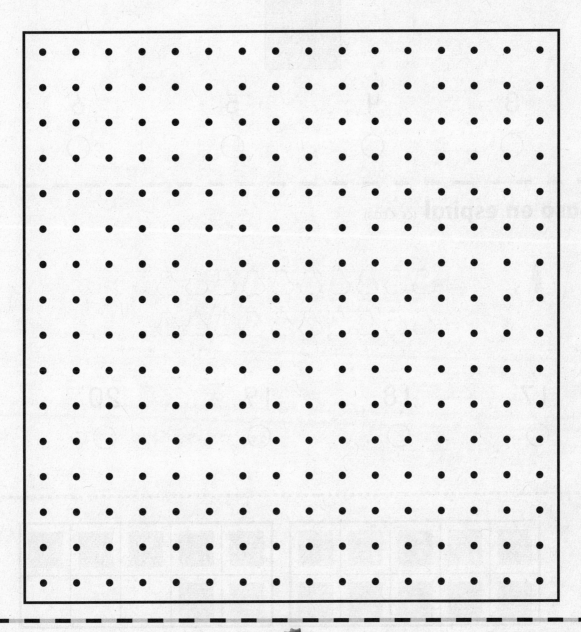

_____ vértices | _____ lados

INSTRUCCIONES 1. Dibuja y colorea un cuadrado. 2. Pon una ficha en cada esquina, o vértice del cuadrado que dibujaste. Escribe cuántas esquinas o vértices hay. 3. Traza los lados del cuadrado que dibujaste. Escribe cuántos lados hay.

Capítulo 9

ciento setenta y siete **P177**

Revisión de la lección (CC.K.G.4)

 1

3	4	5	6
○	○	○	○

Repaso en espiral (CC.K.CC.3)

2

17	18	19	20
○	○	○	○

3

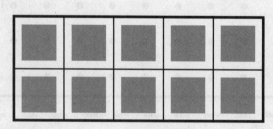 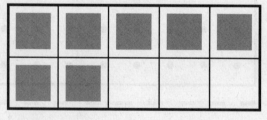

14	15	16	17
○	○	○	○

INSTRUCCIONES 1. ¿Cuántos vértices tiene el cuadrado? Marca la respuesta. **(Lección 9.4) 2.** Cuenta y di cuántas frutas hay. Marca la respuesta. **(Lección 8.2) 3.** ¿Cuántas fichas cuadradas hay? Marca la respuesta. **(Lección 7.8)**

Nombre _____

Identificar y nombrar triángulos

ESTÁNDARES COMUNES CC.K.G.2
Identify and describe shapes (squares, circles, triangles, rectangles, hexagons, cubes, cones, cylinders, and spheres).

INSTRUCCIONES 1–2. Colorea los triángulos de la ilustración.

Capítulo 9

Revisión de la lección (CC.K.G.2)

 1

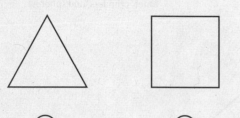

○   ○   ○   ○

Repaso en espiral (CC.K.CC.1, CC.K.CC.5)

2

1	2	3	4	5	6	7	8	9	10
11	12	13	14	15	16	17	18	19	20
21	22	23	24	25	26	27	28	29	30

24   25   26   27
○   ○   ○   ○

3

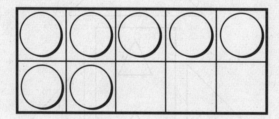

     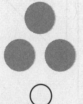   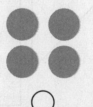   

○   ○   ○   ○

INSTRUCCIONES 1. ¿Qué figura es un triángulo? Marca la respuesta.
(Lección 9.5) 2. Empieza en el 1 y cuenta hacia adelante hasta el 24. ¿Qué número
sigue? Marca la respuesta. **(Lección 8.5) 3.** ¿Cuántas fichas más pondrías para
hacer el modelo de una manera de formar 10? Marca la respuesta. **(Lección 4.1)**

P180 ciento ochenta

Nombre _____

Describir triángulos

ESTÁNDARES COMUNES CC.K.G.4
Analyze, compare, create, and
compose shapes.

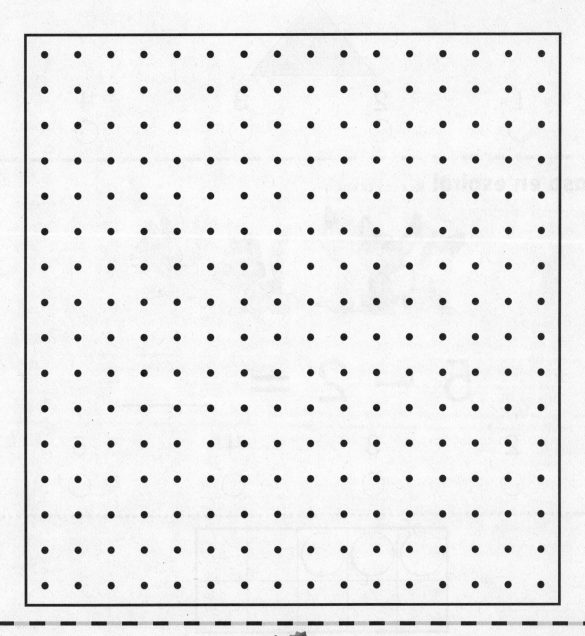

- -

2 _____

_ _ _ _ _

_____ **vértices**

 3 _____

_ _ _ _ _

_____ **lados**

INSTRUCCIONES **1.** Dibuja y colorea un triángulo. **2.** Pon una
ficha en cada esquina o vértice del triángulo que dibujaste. Escribe
cuántas esquinas o vértices hay. **3.** Traza los lados del triángulo que
dibujaste. Escribe cuántos lados hay.

Capítulo 9

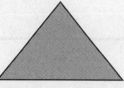

Revisión de la lección (CC.K.G.4)

1	2	3	4
○	○	○	○

Repaso en espiral (CC.K.CC.5, CC.K.OA.1)

$$5 - 2 = \underline{\quad}$$

2	3	4	5
○	○	○	○

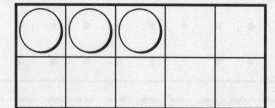

○	○	○	○

INSTRUCCIONES **1.** ¿Cuántos lados tiene el triángulo? Marca la respuesta. **(Lección 9.6)** **2.** ¿Qué número muestra cuántos gatitos quedan? Marca la respuesta. **(Lección 6.3)** **3.** ¿Cuántas fichas más pondrías para hacer el modelo de una manera de formar 7? Marca la respuesta. **(Lección 3.3)**

P182 ciento ochenta y dos

Nombre _____

Identificar y nombrar rectángulos

ESTÁNDARES COMUNES CC.K.G.2
Identify and describe shapes (squares, circles, triangles, rectangles, hexagons, cubes, cones, cylinders, and spheres).

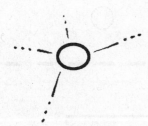

INSTRUCCIONES   I. Colorea los rectángulos de la ilustración.

Capítulo 9

ciento ochenta y tres **P183**

Revisión de la lección (CC.K.G.2)

  1

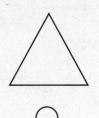 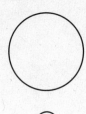 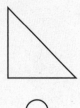

○   ○   ○   ○

Repaso en espiral (CC.K.CC.1, CC.K.CC.5)

  2

1	2	3	4	5	6	7	8	9	10
11	12	13	14	15	16	17	18	19	20
21	22	23	24	25	26	27	28	29	30

10	15	27	30
○	○	○	○

  3

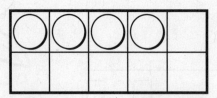

      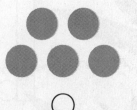

○   ○   ○   ○

INSTRUCCIONES 1. ¿Qué figura es un rectángulo? Marca la respuesta.
(Lección 9.7) 2. Cuenta por decenas mientras señalas los números de las casillas sombreadas. Empieza con el número 10. ¿En qué número terminas? Marca la respuesta. **(Lección 8.7) 3.** ¿Cuántas fichas más pondrías para hacer el modelo de una manera de formar 6? Marca la respuesta. **(Lección 3.1)**

P184 ciento ochenta y cuatro

Describir rectángulos

ESTÁNDARES COMUNES CC.K.G.4
Analyze, compare, create, and
compose shapes.

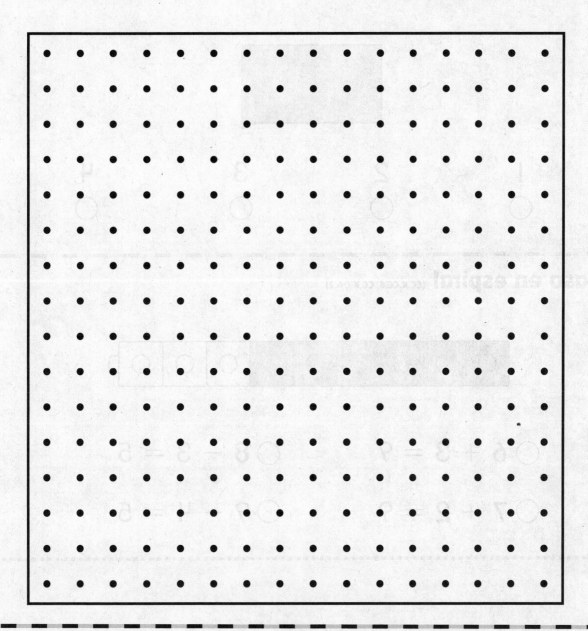

2 _____

_____ **vértices**

3 _____

_____ **lados**

INSTRUCCIONES   **1.** Dibuja y colorea un rectángulo.
2. Pon una ficha en cada esquina o vértice del rectángulo. Escribe
cuántas esquinas o vértices hay.   **3.** Traza los lados del rectángulo
que dibujaste. Escribe cuántos lados hay.

Revisión de la lección (CC.K.G.4)

1	2	3	4
○	○	○	○

Repaso en espiral (CC.K.CC.6, CC.K.OA.2)

○ 6 + 3 = 9   ○ 8 − 3 = 5

○ 7 + 2 = 9   ○ 9 − 4 = 5

○   ○   ○   ○

INSTRUCCIONES **1.** ¿Cuántos lados tiene el rectángulo? Marca la respuesta. **(Lección 9.8)** **2.** Marca el enunciado numérico que se relacione con la ilustración. **(Lección 6.7)** **3.** Compara los conjuntos. ¿Qué conjunto tiene un número de cubos que sea dos más que 18? Marca la respuesta. **(Lección 8.4)**

Nombre _____

Identificar y nombrar hexágonos

ESTÁNDARES COMUNES CC.K.G.2
Identify and describe shapes (squares, circles, triangles, rectangles, hexagons, cubes, cones, cylinders, and spheres)

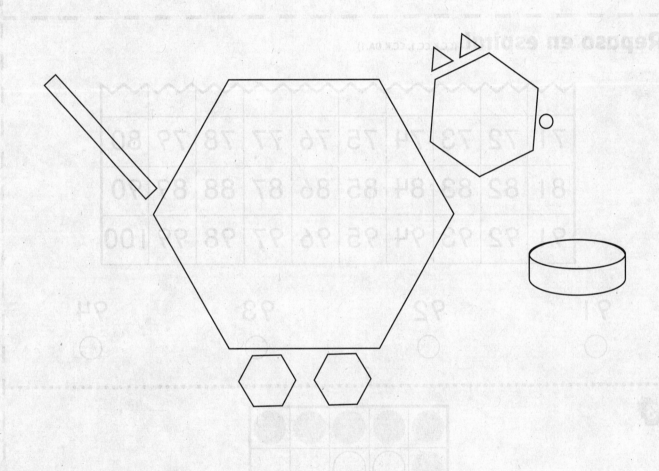

INSTRUCCIONES 1. Colorea los hexágonos de la ilustración.

Revisión de la lección (CC.K.G.2)

 1

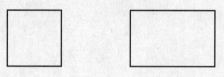

○   ○   ○   ○

Repaso en espiral (CC.K.CC.1, CC.K.OA.1)

2

71	72	73	74	75	76	77	78	79	80
81	82	83	84	85	86	87	88	89	90
91	92	93	94	95	96	97	98	99	100

91   92   93   94
○   ○   ○   ○

3

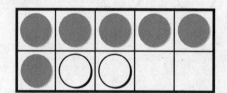

5 + 1   6 + 2   7 + 3   8 + 1
○   ○   ○   ○

INSTRUCCIONES   1. ¿Qué figura es un hexágono? Marca la respuesta.
(Lección 9.9)   2. Empieza en el 81 y cuenta hacia adelante hasta el 90. ¿Qué número sigue? Marca la respuesta. **(Lección 8.6)   3.** ¿Qué números muestran los conjuntos que se juntan? Marca la respuesta. **(Lección 5.2)**

P188   ciento ochenta y ocho

Nombre _____

Describir hexágonos

ESTÁNDARES COMUNES CC.K.G.4
Analyze, compare, create, and
compose shapes.

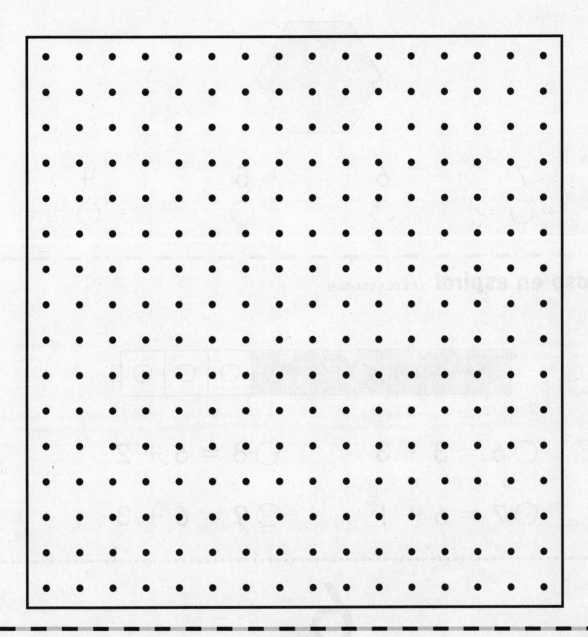

_____

_ _ _ _

_____ **vértices**

_____

_ _ _ _

_____ **lados**

INSTRUCCIONES   1. Dibuja y colorea un hexágono.   **2.** Pon una
ficha en cada esquina o vértice del hexágono que dibujaste. Escribe
cuántas esquinas, o vértices hay.   **3.** Traza los lados del hexágono que
dibujaste. Escribe cuántos lados hay.

Capítulo 9

Revisión de la lección (CC.K.G.4)

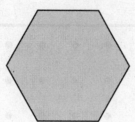

7　　　6　　　5　　　4

○　　　○　　　○　　　○

Repaso en espiral (CC.K.CC.7, CC.K.OA.3)

○ 6 = 3 + 3　　　　○ 8 = 6 + 2

○ 7 = 6 + 1　　　　○ 9 = 6 + 3

6

4　　　　7　　　　5　　　　6

○　　　　○　　　　○　　　　○

INSTRUCCIONES **1.** ¿Cuántos lados tiene el hexágono? Marca la respuesta.
(Lección 9.10) **2.** ¿Qué enunciado de suma muestra un par de números que se
relacione con el tren de cubos? Marca la respuesta. **(Lección 5.11)** **3.** ¿Qué
número es mayor que 6? Marca la respuesta. **(Lección 4.7)**

Nombre _____

Álgebra • Comparar figuras bidimensionales

ESTÁNDARES COMUNES CC.K.G.4
Analyze, compare, create, and compose shapes.

parecidas	diferentes

INSTRUCCIONES 1. Pon dos figuras bidimensionales en la página. Clasifica las figuras según el número de lados. Dibuja las figuras en el tapete de clasificación. Usa las palabras *parecidas* y *diferentes* para explicar cómo clasificaste las figuras.

Capítulo 9

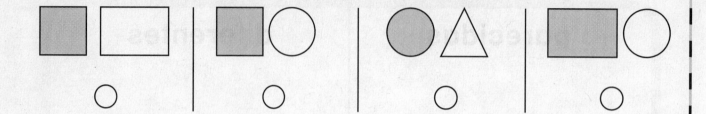

Revisión de la lección (CC.K.G.4)

 1

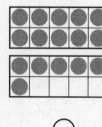 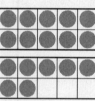 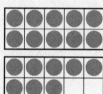 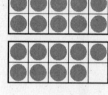

Repaso en espiral (CC.K.OA.1, CC.K.NBT.1)

 2

19

○   ○   ○   ○

3

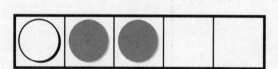

I y I	I y 2	I y 3	I y 4
○	○	○	○

INSTRUCCIONES   I. ¿Qué dos figuras se parecen en algo? Marca la respuesta.
(Lección 9.11)   2. ¿Qué conjunto de fichas muestra el número 19? Marca la
respuesta. **(Lección 7.9)   3.** ¿Cuál muestra las fichas grises que se agregan al cuadro de
cinco? Marca la respuesta. **(Lección 5.1)**

Nombre _____

Resolución de problemas • Dibujar para juntar figuras

ESTÁNDARES COMUNES CC.K.G.6
Analyze, compare, create, and compose shapes.

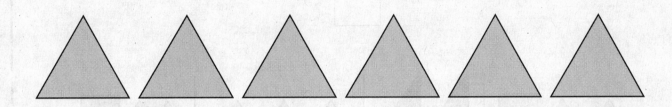

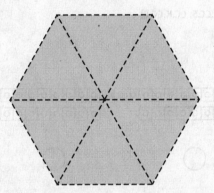

INSTRUCCIONES **1.** Pon triángulos en la página como se muestra. ¿Cómo puedes unir todos los triángulos para formar un hexágono? Traza los triángulos para dibujar un hexágono. **2.** ¿Cómo puedes unir algunos triángulos para formar un triángulo más grande? Traza los triángulos para dibujar el triángulo más grande.

Capítulo 9

Revisión de la lección (CC.K.G.6)

 1

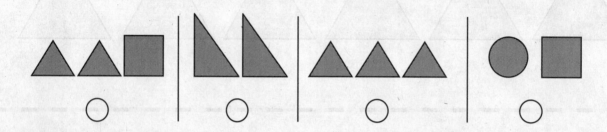

○   ○   ○   ○

Repaso en espiral (CC.K.CC.5, CC.K.CC.6)

 2

○   ○   ○   ○

 3

5	6	7	8
○	○	○	○

INSTRUCCIONES **1.** ¿Qué figuras podrías juntar para formar el rectángulo de arriba?
Marca la respuesta. **(Lección 9.12)** **2.** ¿Qué conjunto de cubos es el modelo del número 20?
Marca la respuesta. **(Lección 8.1)** **3.** Marca el número que sea menor que el número de
cucharas. **(Lección 4.6)**

P194 ciento noventa y cuatro

ESTÁNDARES COMUNES CC.K.G.2, CC.K.G.4, CC.K.G.6

Práctica adicional del Capítulo 9

Lecciones 9.1 a 9.6 (págs. 357 a 379)

 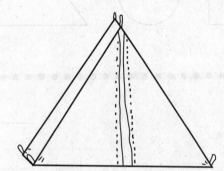 

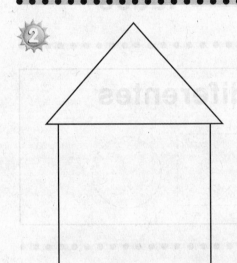 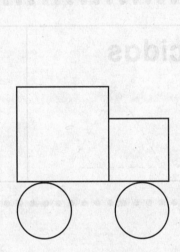 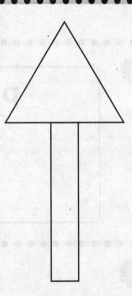

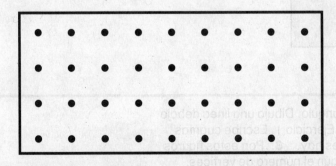

INSTRUCCIONES **I.** Colorea el objeto que tiene forma de círculo. **2.** Colorea de rojo los cuadrados de la ilustración. Colorea de verde los triángulos. **3.** Dibuja y colorea un triángulo.

Capítulo 9

1

2

_____   _____

_ _ _ _ _   _ _ _ _ _

_____ **vértices**   _____ **lados**

3

parecidas	diferentes

4

INSTRUCCIONES   1. Haz una X en el rectángulo. Dibuja una línea debajo del hexágono.   **2.** Observa el hexágono del Ejercicio 1. Escribe cuántas esquinas o vértices hay. Escribe cuántos lados hay.   **3.** Pon estas figuras bidimensionales en la página. Clasifícalas según el número de vértices, como se muestra. Traza las figuras. Colorea las figuras que tengan tres vértices.   **4.** Pon dos cuadrados en la página como se muestra. ¿Cómo puedes juntar los cuadrados para formar un rectángulo? Traza los cuadrados para dibujar el rectángulo.

School-Home
Letter

Dear Family,

My class started Chapter 10 this week. In this chapter, I will learn how identifying and describing shapes can help me sort them.

Love, _____

Vocabulary

cylinder a three-dimensional shape with a curved surface and two flat surfaces

sphere a three-dimensional shape that is round

A ball is an example of a sphere.

Home Activity

Take a walk around your neighborhood with your child. Ask your child to point out objects that are shaped like three-dimensional shapes, such as spheres, cubes, cylinders, and cones.

Literature

Look for these books at the library. The pictures will help your child understand how shapes are a part of everyday life.

What in the World Is a Sphere? by Anders Hanson. SandCastle, 2007.

Cubes, Cones, Cylinders & Spheres by Tana Hoban. Greenwillow Books, 2000.

Carta
para la casa

Querida familia:

Mi clase comenzó el Capítulo 10 esta semana. En este capítulo aprenderé cómo el identificar y describir figuras me sirve para clasificarlas.

Con cariño, _____

Vocabulario

cilindro figura tridimensional con una superficie curva y dos superficies planas

esfera figura tridimensional redonda

Una pelota es un ejemplo de esfera.

Actividad para la casa

Salga a caminar por el barrio junto a su niño. Pídale que señale objetos que tengan formas tridimensionales, tales como esferas, cubos, cilindros y conos.

Literatura

Busquen estos libros en la biblioteca. Las ilustraciones ayudarán a que su niño comprenda que las figuras forman parte de la vida diaria.

What in the World Is a Sphere?
por Anders Hanson. SandCastle, 2007.

Cubes, Cones, Cylinders & Spheres
por Tana Hoban. Greenwillow Books, 2000.

Nombre _____

Figuras tridimensionales

ESTÁNDARES COMUNES CC.K.G.4
Analyze, compare, create, and compose shapes.

rueda

se apila

se desliza

**se apila
y se desliza**

INSTRUCCIONES **1.** ¿Qué figura no rueda? Marca una X en esa figura. **2.** ¿Qué figuras no se apilan? Marca una X en esas figuras. **3.** ¿Qué figura no se desliza? Marca una X en esa figura. **4.** ¿Qué figura no se desliza ni se apila? Marca una X en esa figura.

Revisión de la lección (CC.K.G.4)

○   ○   ○   ○

Repaso en espiral (CC.K.CC.2, CC.K.G.4)

○ 17, 20, 19, 18   ○ 17, 18, 20, 19

○ 20, 19, 17, 18   ○ 17, 18, 19, 20

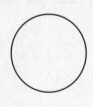

○   ○   ○   ○

INSTRUCCIONES **1.** ¿Qué figura no rueda? Marca la respuesta. **(Lección 10.1)**
2. ¿Qué conjunto de números está en orden? Marca la respuesta. **(Lección 8.3)**
3. ¿Qué figura tiene una curva? Marca la respuesta. **(Lección 9.2)**

Nombre _____

Identificar, nombrar y describir esferas

ESTÁNDARES COMUNES CC.K.G.2
Identify and describe shapes
(squares, circles, triangles,
rectangles, hexagons, cubes,
cones, cylinders, and spheres).

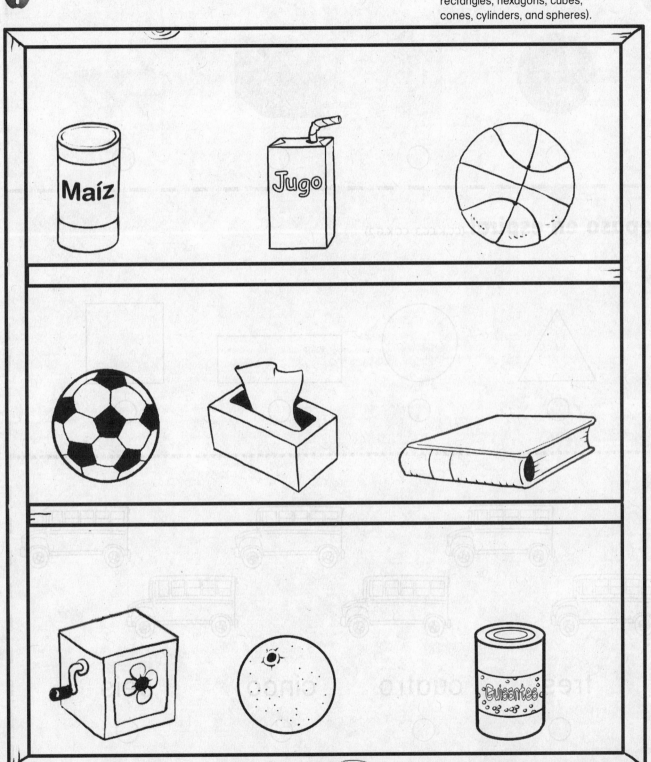

INSTRUCCIONES 1. Identifica los objetos que tienen forma de esfera.
Marca una X en esos objetos.

Capítulo 10

doscientos uno **P201**

Revisión de la lección (CC.K.G.2)

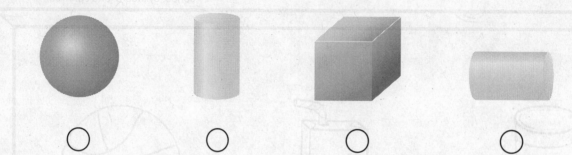

○　　　　○　　　　○　　　　○

Repaso en espiral (CC.K.CC.3, CC.K.G.2)

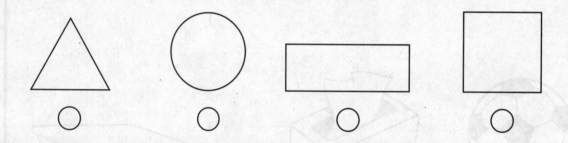

○　　　　○　　　　○　　　　○

tres　　　cuatro　　　cinco　　　seis

○　　　　○　　　　○　　　　○

INSTRUCCIONES 1. ¿Qué figura es una esfera? Marca la respuesta.
(Lección 10.2) 2. ¿Qué figura es un cuadrado? Marca la respuesta. (Lección 9.3)
3. ¿Cuántos autobuses escolares hay? Marca la respuesta. (Lección 3.2)

Identificar, nombrar y describir cubos

ESTÁNDARES COMUNES CC.K.G.2
Identify and describe shapes (squares, circles, triangles, rectangles, hexagons, cubes, cones, cylinders, and spheres).

INSTRUCCIONES **1.** Identifica los objetos que tienen forma de cubo. Marca una X en esos objetos.

Revisión de la lección (CC.K.G.2)

○   ○   ○   ○

Repaso en espiral (CC.K.CC.1, CC.K.G.4)

1	2	3	4
○	○	○	○

71	72	73	74	75	76	77	78	79	80
81	82	83	84	85	86	87	88	89	90
91	92	93	94	95	96	97	98	99	100

89	91	98	100
○	○	○	○

INSTRUCCIONES   **1.** ¿Qué figura es un cubo? Marca la respuesta.
(Lección 10.3)   **2.** ¿Cuántos lados tiene un cuadrado? Marca la respuesta.
(Lección 9.4)   **3.** Empieza en el 81 y cuenta hacia adelante hasta el 90. ¿Qué número sigue? Marca la respuesta.   **(Lección 8.6)**

Identificar, nombrar y describir cilindros

ESTÁNDARES COMUNES CC.K.G.2
Identify and describe shapes (squares, circles, triangles, rectangles, hexagons, cubes, cones, cylinders, and spheres).

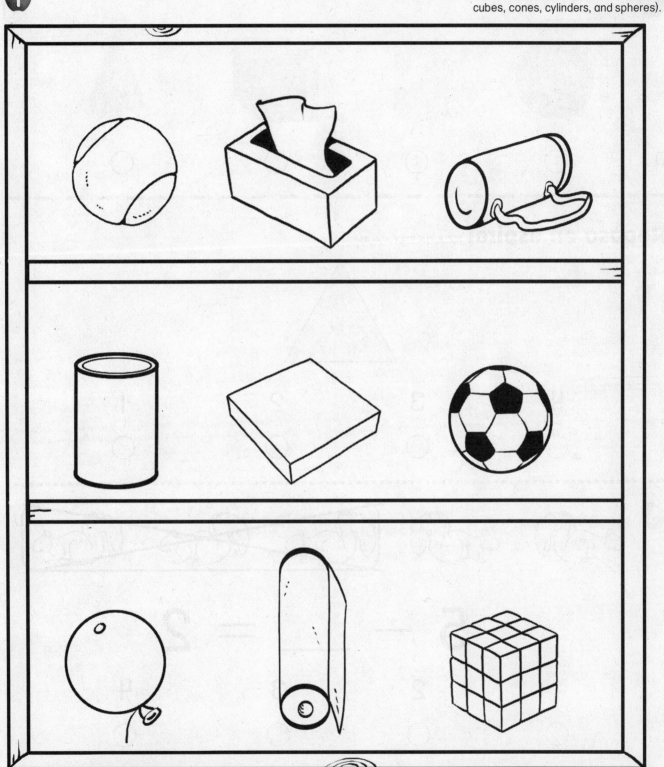

INSTRUCCIONES I. Identifica los objetos que tienen forma de cilindro. Marca una X en esos objetos.

Revisión de la lección (CC.K.G.2)

○ ○ ○ ○

Repaso en espiral (CC.K.OA.5, CC.K.G.4)

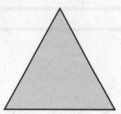

4   3   2   1

○ ○ ○ ○

5 – ___ = 2

1   2   3   4

○ ○ ○ ○

INSTRUCCIONES   **1.** ¿Qué figura es un cilindro? Marca la respuesta.
(Lección 10.4)   **2.** ¿Cuántos vértices tiene un triángulo?   **(Lección 9.6)**   **3.** Marca el número para mostrar cuántos se quitan del conjunto.   **(Lección 6.5)**

Nombre _____

Identificar, nombrar y describir conos

ESTÁNDARES COMUNES CC.K.G.2
Identify and describe shapes (squares, circles, triangles, rectangles, hexagons, cubes, cones, cylinders, and spheres).

INSTRUCCIONES   1. Identifica los objetos que tienen forma de cono. Marca una X en esos objetos.

Revisión de la lección (CC.K.G.2)

○   ○   ○   ○

Repaso en espiral (CC.K.NBT.1, CC.K.G.2)

13

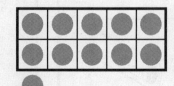  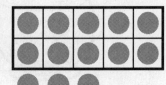 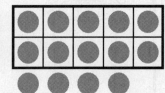

○   ○   ○   ○

○   ○   ○   ○

INSTRUCCIONES 1. ¿Qué figura es un cono? Marca la respuesta. **(Lección 10.5)**
2. ¿Qué conjunto de fichas muestra el número 13? Marca la respuesta. **(Lección 7.3)**
3. ¿Qué figura es un círculo? Marca la respuesta. **(Lección 9.1)**

P208 doscientos ocho

Nombre _____

Resolución de problemas • Figuras bidimensionales y tridimensionales

ESTÁNDARES COMUNES CC.K.G.3
Identify and describe shapes (squares, circles, triangles, rectangles, hexagons, cubes, cones, cylinders, and spheres).

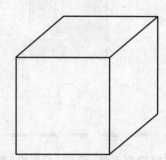

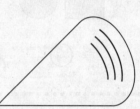

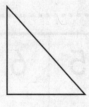

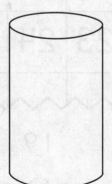

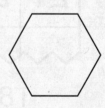

INSTRUCCIONES **1.** Identifica las figuras bidimensionales o planas. Colorea de rojo las figuras planas. **2.** Identifica las figuras tridimensionales o cuerpos geométricos. Colorea de azul los cuerpos geométricos.

Capítulo 10

doscientos nueve **P209**

Revisión de la lección (CC.K.G.3)

1

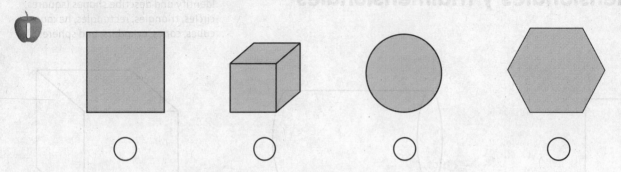

○   ○   ○   ○

Repaso en espiral (CC.K.CC.1, CC.K.G.6)

2

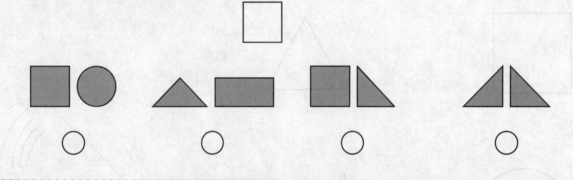

○   ○   ○   ○

3

1	2	3	4	5	6	7	8	9	10
11	12	13	14	15	16	17	18	19	20
21	22	23	24	25	26	27	28	29	30

18   19   20   21

○   ○   ○   ○

INSTRUCCIONES   **1.** ¿Cuál es una figura tridimensional o cuerpo geométrico? Marca la respuesta. (Lección 10.6)   **2.** ¿Qué figuras podrías juntar para hacer el cuadrado de arriba? Marca la respuesta. (Lección 9.12)   **3.** Empieza en el 1 y cuenta hacia adelante hasta el 19. ¿Qué número sigue? Marca la respuesta. (Lección 8.5)

Encima y debajo

ESTÁNDARES COMUNES CC.K.G.1
Identify and describe shapes (squares, circles, triangles, rectangles, hexagons, cubes, cones, cylinders, and spheres).

JUGUETES
DEL GATO

INSTRUCCIONES I. Marca una X en el objeto que tenga forma de esfera, debajo de la mesa. Encierra en un círculo el objeto que tenga forma de cubo, encima del estante.

Revisión de la lección (CC.K.G.1)

1

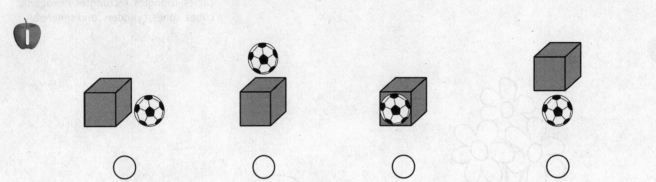

○   ○   ○   ○

Repaso en espiral (CC.K.CC.5, CC.K.G.4)

2

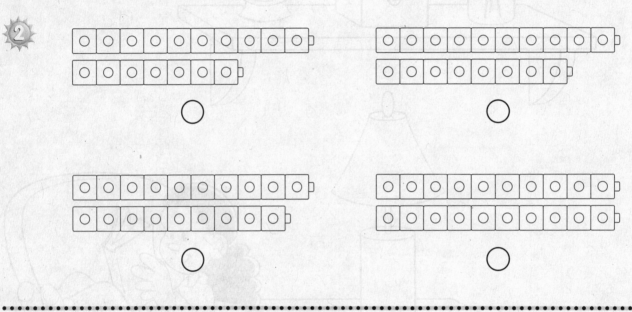

3

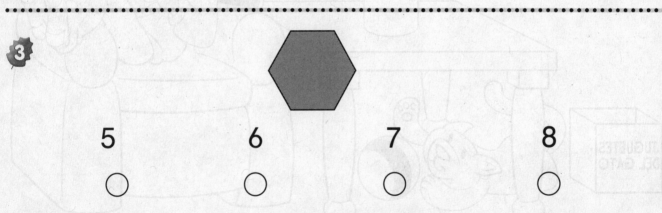

5   6   7   8

○   ○   ○   ○

INSTRUCCIONES   1. ¿Qué ilustración muestra que el objeto con forma de esfera está encima de la caja? Marca la respuesta. **(Lección 10.7)   2.** ¿Qué conjunto de cubos representa el número 20? Marca la respuesta. **(Lección 8.1)   3.** ¿Cuántos vértices tiene el hexágono? Marca la respuesta. **(Lección 9.10)**

P212   doscientos doce

Al lado y junto a

ESTÁNDARES COMUNES CC.K.G.1
Identify and describe shapes (squares, circles, triangles, rectangles, hexagons, cubes, cones, cylinders, and spheres).

INSTRUCCIONES   1. Marca una X en el objeto con forma de cilindro que está al lado del objeto con forma de esfera. Encierra en un círculo el objeto con forma de cono que está al lado del objeto con forma de cubo. Usa las palabras *al lado de* y *junto a* para nombrar la posición de otras figuras.

Revisión de la lección (CC.K.G.1)

1

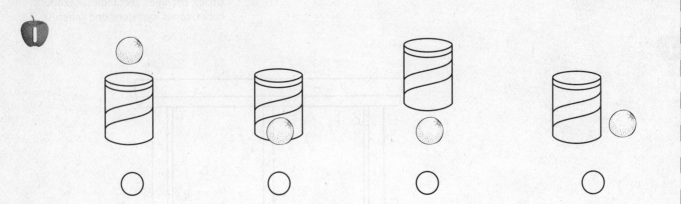

○   ○   ○   ○

Repaso en espiral (CC.K.CC.3, CC.K.G.2)

2

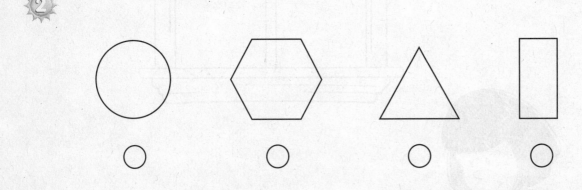

○   ○   ○   ○

3

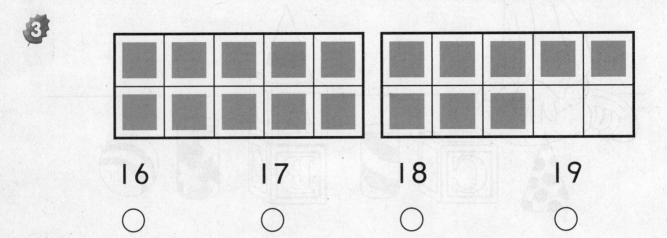

| 16 | 17 | 18 | 19 |

○   ○   ○   ○

INSTRUCCIONES 1. ¿Qué ilustración muestra un objeto con forma de esfera que está al lado de un objeto con forma de cilindro? Marca la respuesta. **(Lesson 10.8) 2.** ¿Qué figura es un hexágono? Marca la respuesta. **(Lesson 9.9) 3.** ¿Cuántas fichas cuadradas hay? Marca la respuesta. **(Lesson 7.10)**

Nombre _____

Delante y detrás

ESTÁNDARES COMUNES CC.K.G.1
Identify and describe shapes (squares, circles, triangles, rectangles, hexagons, cubes, cones, cylinders, and spheres).

①

INSTRUCCIONES   **1.** Marca una X en el objeto con forma de cilindro que está detrás del objeto con forma de cono. Encierra en un círculo el objeto con forma de cilindro que está delante del objeto con forma de cubo. Usa las palabras *delante de* y *detrás de* para nombrar la posición de otras figuras.

Capítulo 10

Revisión de la lección (CC.K.G.1)

 1

○   ○   ○   ○

Repaso en espiral (CC.K.OA.1, CC.K.G.2)

 2

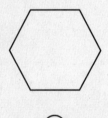  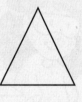 

○   ○   ○   ○

 3

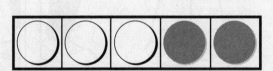

3 y 0   3 y 1   3 y 2   3 y 3

○   ○   ○   ○

INSTRUCCIONES **1.** ¿Qué ilustración muestra un objeto con forma de esfera que está delante de un objeto con forma de cono? Marca la respuesta. **(Lección 10.9)** **2.** ¿Qué figura es un triángulo? Marca la respuesta. **(Lección 9.5)** **3.** ¿Cuál muestra las fichas grises que se agregan al cuadro de cinco? Marca la respuesta. **(Lección 5.1)**

ESTÁNDARES COMUNES CC.K.G.1, CC.K.G.2, CC.K.G.3, CC.K.G.4

Práctica adicional del Capítulo 10

Lecciones 10.1 a 10.5 (págs. 413 a 432)

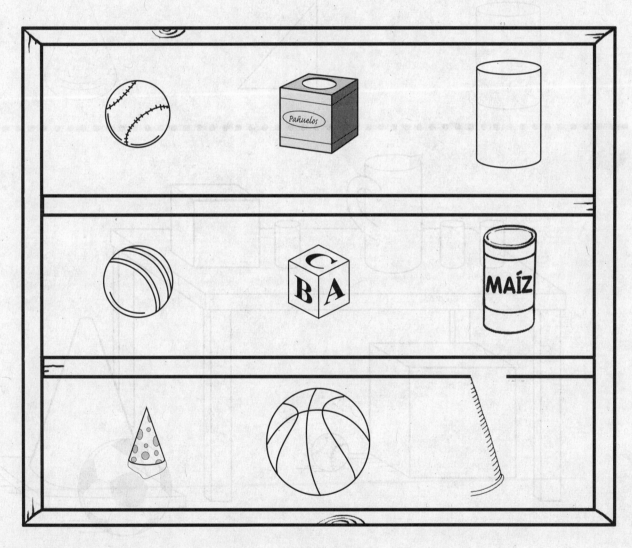

INSTRUCCIONES 1. ¿Qué figuras no se apilan? Marca una X en esas figuras.
2. Identifica los objetos que tienen forma de esfera. Colorea esos objetos. Identifica los objetos que tienen forma de cubo. Encierra en un círculo esos objetos. Identifica los objetos que tienen forma de cono. Marca una X en esos objetos. Identifica los objetos que tienen forma de cilindro. Dibuja una línea debajo de esos objetos.

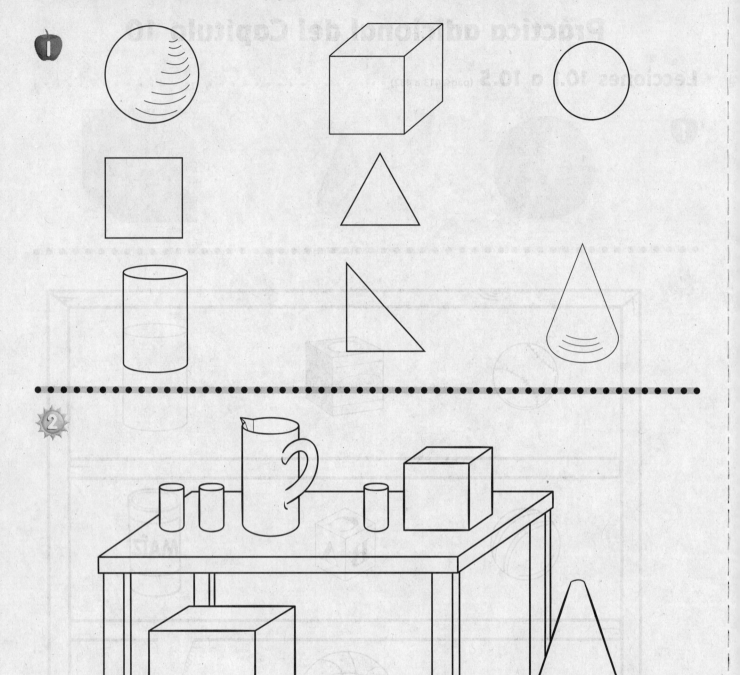

INSTRUCCIONES 1. Identifica las figuras bidimensionales o planas. Colorea de rojo las figuras planas. Identifica las figuras tridimensionales o cuerpos geométricos. Colorea de azul los cuerpos geométricos. 2. Marca una X en el objeto que tiene forma de cubo, que está debajo de la mesa. Encierra en un círculo el objeto que tiene forma de cilindro, que está al lado del objeto con forma de cubo. Colorea el objeto con forma de esfera que está delante del objeto con forma de cono.

Dear Family,

My class started Chapter 11 this week. In this chapter, I will learn how comparing objects can help me measure them.

Love, _____

Vocabulary

longer having a greater length

heavier having a greater weight

Home Activity

Find two different-sized books. Ask your child to show you how to compare their lengths, heights, and weights.

Literature

Look for these books at the library. Each book will give you ideas about how to enrich and encourage your child's measurement skills.

How Long or How Wide?: A Measuring Guide by Brian P. Cleary. Millbrook Press, 2007.

Measurement (Beginning Skills) by Amy Decastro. Teacher Created Resources, 2004.

Carta
para la casa

Querida familia:

Mi clase comenzó el Capítulo 11 esta semana. En este capítulo aprenderé cómo el comparar objetos me sirve para medirlos.

Con cariño, _____

_____

Vocabulario

más largo que que tiene mayor longitud

más pesado que tiene más peso

Actividad para la casa

Busque dos libros de diferente tamaño. Pida a su niño que le muestre cómo comparar la longitud, la altura y el peso.

Literatura

Busquen estos libros en la biblioteca. Cada libro le dará ideas para enriquecer y alentar las destrezas de medición de su niño.

How Long or How Wide?: A Measuring Guide por Brian P. Cleary. Millbrook Press, 2007.

Measurement (Beginning Skills) por Amy Decastro. Teacher Created Resources, 2004.

Nombre _____

Comparar longitudes

ESTÁNDARES COMUNES CC.K.MD.2
Describe and compare
measurable attributes.

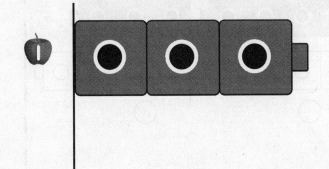

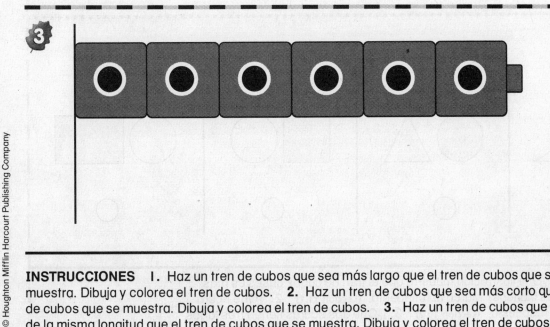

INSTRUCCIONES   1. Haz un tren de cubos que sea más largo que el tren de cubos que se muestra. Dibuja y colorea el tren de cubos.   **2.** Haz un tren de cubos que sea más corto que el tren de cubos que se muestra. Dibuja y colorea el tren de cubos.   **3.** Haz un tren de cubos que sea casi de la misma longitud que el tren de cubos que se muestra. Dibuja y colorea el tren de cubos.

Revisión de la lección (CC.K.MD.2)

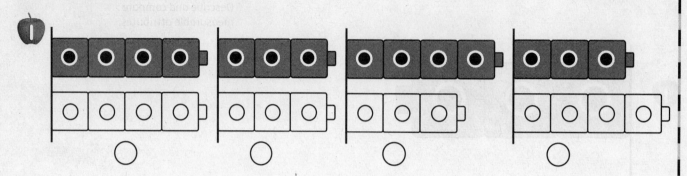

Repaso en espiral (CC.K.G.2, CC.K.G.4)

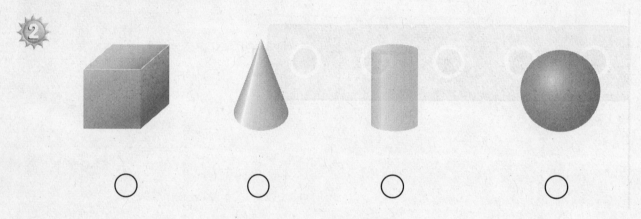

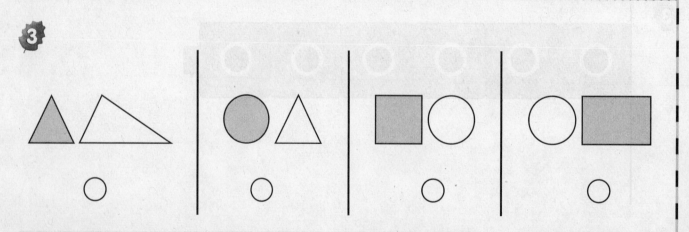

INSTRUCCIONES 1. ¿Qué ilustración muestra que el tren de cubos grises es más largo que el tren de cubos blancos? Marca la respuesta. **(Lección 11.1) 2.** ¿Qué figura es una esfera? Marca la respuesta. **(Lección 10.2) 3.** ¿Qué dos figuras tienen tres lados cada una? Marca la respuesta. **(Lección 9.11)**

P222 doscientos veintidós

Nombre _____

Comparar alturas

ESTÁNDARES COMUNES CC.K.MD.2
Describe and compare
measurable attributes.

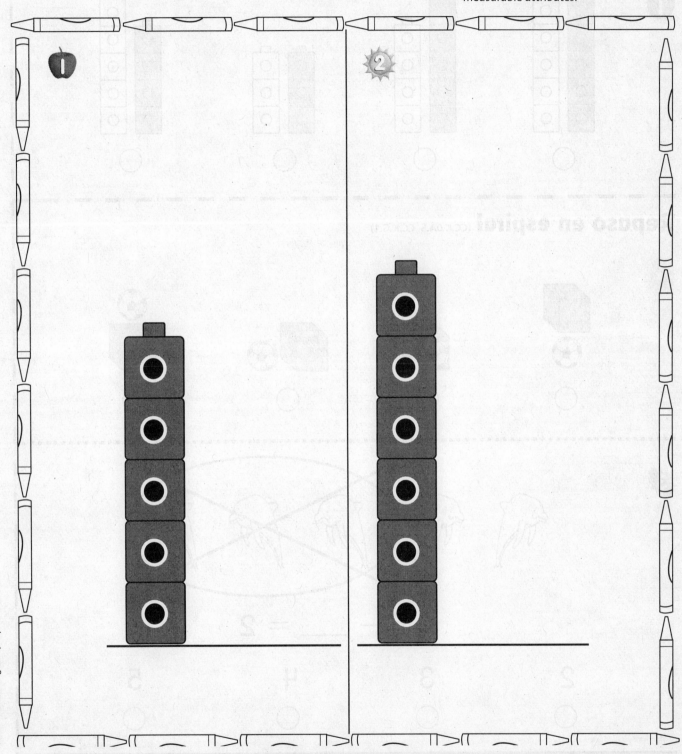

INSTRUCCIONES **1.** Haz una torre de cubos que sea más alta que la torre de cubos que se muestra. Dibuja y colorea la torre de cubos. **2.** Haz una torre de cubos que sea más baja que la torre de cubos que se muestra. Dibuja y colorea la torre de cubos.

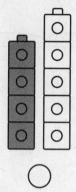
Revisión de la lección (CC.K.MD.2)

 1

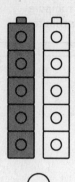 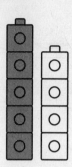 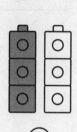

◯ ◯ ◯ ◯

Repaso en espiral (CC.K.0A.5, CC.K.G.1)

2

◯ ◯ ◯ ◯

3

 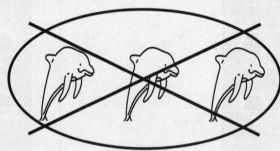

$$5 - \underline{} = 2$$

2   3   4   5
◯   ◯   ◯   ◯

INSTRUCCIONES 1. ¿Qué ilustración muestra que la torre de cubos grises es más baja que la torre de cubos blancos? Marca la respuesta. **(Lección 11.2) 2.** ¿Qué ilustración muestra que el objeto con forma de esfera está debajo de la caja? Marca la respuesta. **(Lección 10.7) 3.** Marca el número que muestre cuántos se quitan del conjunto. **(Lección 6.5)**

Resolución de problemas •
Comparación directa

ESTÁNDARES COMUNES CC.K.MD.2
Describe and compare
measurable attributes.

---

②

INSTRUCCIONES **1.** Busca dos objetos pequeños del salón de clases. Pon un extremo de cada objeto en la línea. Compara las longitudes. Dibuja los objetos. Di *más largo que, más corto que* o *casi de la misma longitud* para describir las longitudes. Encierra en un círculo el objeto más largo. **2.** Busca dos objetos pequeños del salón de clases. Pon un extremo de cada objeto en la línea. Compara las alturas. Dibuja los objetos. *Di más alto que, más bajo que* o *casi de la misma altura* para describir las alturas. Encierra en un círculo el objeto más bajo.

Revisión de la lección (CC.K.MD.2)

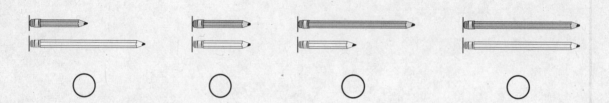

○   ○   ○   ○

Repaso en espiral (CC.K.0A.2, CC.K.G.4)

4   3   2   1
○   ○   ○   ○

$2+6=8$ | $6+2=8$ | $8-6=2$ | $8-2=6$

○   ○   ○   ○

INSTRUCCIONES   1. ¿Qué ilustración muestra que el lápiz gris es más largo que el lápiz blanco? Marca la respuesta. **(Lección 11.3) 2.** ¿Cuántos vértices tiene el rectángulo? Marca la respuesta. **(Lección 9.8) 3.** Marca el enunciado numérico que se relacione con la ilustración. **(Lección 6.7)**

P226   doscientos veintiséis

Nombre _____

Comparar pesos

ESTÁNDARES COMUNES CC.K.MD.2
Describe and compare
measurable attributes.

izquierda

derecha

1

2

3

4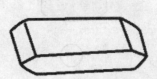

INSTRUCCIONES Busca el primer objeto de la hilera y tómalo con la mano izquierda. Busca el resto de los objetos de la hilera y toma cada uno con la mano derecha. **1–2.** Encierra en un círculo el objeto que sea más liviano que el que tienes en la mano izquierda. **3–4.** Encierra en un círculo el objeto que sea más pesado que el que tienes en la mano izquierda.

Revisión de la lección (CC.K.MD.2)

1

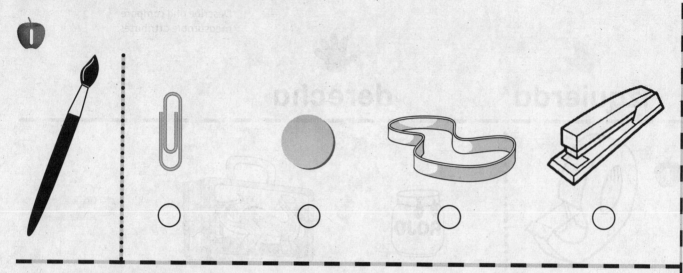

Repaso en espiral (CC.K.CC.6, CC.K.G.3)

○   ○   ○   ○

3

○   ○   ○   ○

INSTRUCCIONES   **I.** ¿Qué objeto es más pesado que el pincel? Marca la respuesta. **(Lección 11.4)**   **2.** Compara los trenes de cubos. Marca el tren de cubos que tenga un número de cubos menor. **(Lección 4.5)**   **3.** ¿Cuál es una figura bidimensional o plana? Marca la respuesta. **(Lección 10.6)**

P228   doscientos veintiocho

Nombre _____

Longitud, altura y peso

ESTÁNDARES COMUNES CC.K.MD.1
Describe and compare measurable attributes.

MATEMÁTICAS

Marcadores

GOMA

INSTRUCCIONES 1-4. Con rojo, traza la línea que muestra cómo se mide la longitud. Con azul, traza la línea que muestra cómo se mide la altura. Explica otra manera de medir el objeto.

Revisión de la lección (CC.K.MD.1)

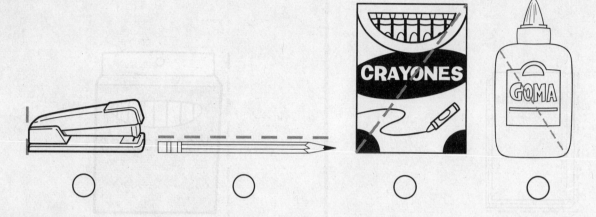

○　　　○　　　○　　　○

Repaso en espiral (CC.K.NBT.1, CC.K.G.2)

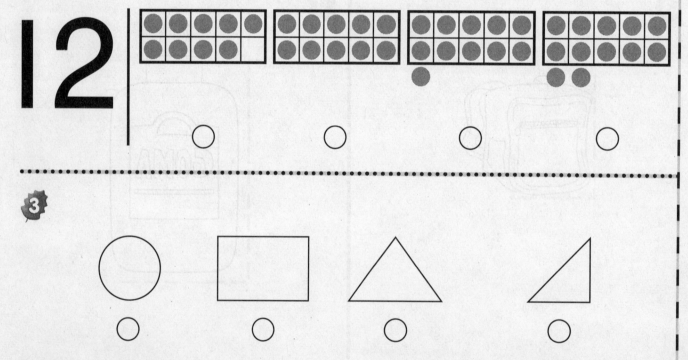

INSTRUCCIONES **1.** ¿Qué ilustración muestra cómo se mide la longitud del objeto? Marca la respuesta. **(Lección 11.5)** **2.** ¿Qué conjunto de fichas muestra el número 12? Marca la respuesta. **(Lección 7.1)** **3.** ¿Qué figura es un rectángulo? Marca la respuesta. **(Lección 9.7)**

P230 doscientos treinta

Práctica adicional del Capítulo 11

Lecciones 11.1 a 11.3 (págs. 465 a 475) · · · · · · · · · · · · · · · · ·

INSTRUCCIONES **1.** Haz un tren de cubos que sea más largo que el tren de cubos que se muestra. Dibuja y colorea el tren de cubos. **2.** Haz una torre de cubos que sea más baja que la torre de cubos que se muestra. Dibuja y colorea la torre de cubos. **3.** Busca dos objetos pequeños del salón de clases. Pon un extremo de cada objeto en la línea. Compara las longitudes. Dibuja los objetos. Di *más largo que, más corto que* o *casi de la misma longitud* para describir las longitudes. Encierra en un círculo el objeto más largo.

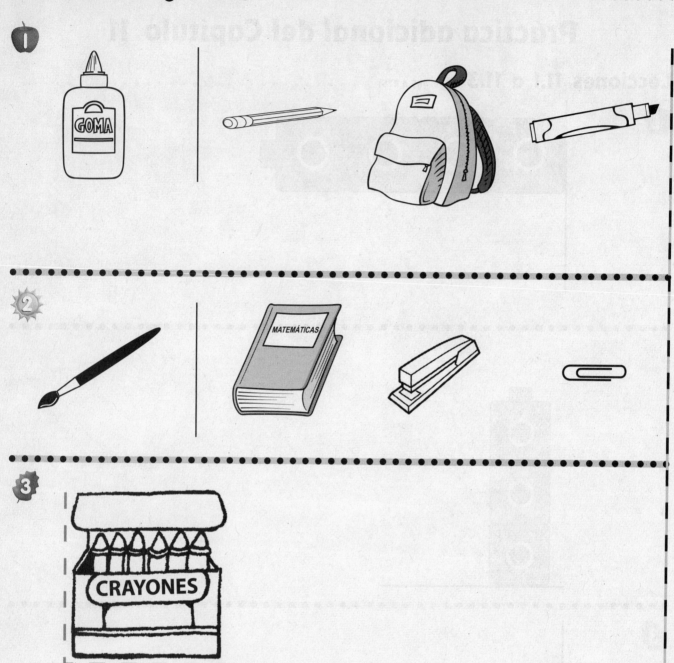

INSTRUCCIONES   **1.** Busca el primer objeto de la hilera y tómalo con la mano izquierda. Busca el resto de los objetos de la hilera y toma cada uno con la mano derecha. Encierra en un círculo el objeto que sea más pesado que el que tienes en la mano izquierda.   **2.** Busca el primer objeto de la hilera y tómalo con la mano izquierda. Busca el resto de los objetos de la hilera y toma cada uno con la mano derecha. Encierra en un círculo el objeto que sea más liviano que el que tienes en la mano izquierda.   **3.** Con rojo, traza la línea que muestra cómo medir la longitud. Con azul, traza la línea que muestra cómo medir la altura. Explica otra manera de medir el objeto.

School-Home Letter

Dear Family,

My class started Chapter 12 this week. In this chapter, I will learn how sorting can help me display information.

Love, _____

Vocabulary

category

These bears are sorted and classified into two categories. One category is *small*, and one category is *large*.

Home Activity

Have some fun in the kitchen as your child shows you all about sorting and classifying. Begin by collecting a handful of silverware. Have your child sort and classify it into groups by type of utensil.

Literature

Look for these books at the library. Your child will continue learning while enjoying these great books.

Sorting by Henry Arthur Pluckrose. Children's Press, 1995.

Grandma's Button Box by Linda Williams Aber. Kane Press, 2002.

Carta
para la casa

Querida familia:

Mi clase comenzó el Capítulo 12 esta semana. En este capítulo aprenderé cómo el clasificar me sirve para mostrar información.

Con cariño, _____

Vocabulario

categoría

Estos osos están clasificados en dos categorías. Una categoría es *pequeño* y la otra *categoría* es *grande*.

Actividad para la casa

Diviértanse en la cocina mientras su niño le muestra cómo clasificar cosas. Empiecen juntando un manojo de cubiertos. Pídale que los clasifique en grupos, según el tipo de utensilio.

Literatura

Busquen estos libros en la biblioteca. Su niño seguirá aprendiendo mientras disfruta de estos estupendos libros.

Sorting
por Henry Arthur Pluckrose.
Children's Press, 1995.

Grandma's Button Box
por Linda Williams Aber.
Kane Press, 2002

Nombre _____

Álgebra • Clasificar
y contar por color

ESTÁNDARES COMUNES CC.K.MD.3
Classify objects and count the number of
objects in each category.

amarillo

rojo

3

 amarillo   rojo

INSTRUCCIONES **1.** Pon un cuadrado amarillo, un triángulo rojo, un
rectángulo rojo, un cuadrado amarillo y un triángulo rojo en la parte superior
de la página, como se muestra. Clasifica las figuras por categoría de color.
Dibuja y colorea las figuras de cada categoría. **2.** Observa las categorías
del Ejercicio 1. Cuenta cuántas hay en cada categoría. Encierra en un círculo
la categoría que tenga 3 figuras. Escribe el número.

Capítulo 12

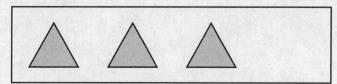

Revisión de la lección (CC.K.MD.3)

 1

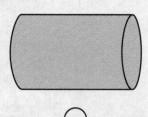

○   ○   ○   ○

Repaso en espiral (CC.K.CC.3, CC.K.G.4)

 2

○   ○   ○   ○

 3

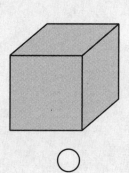

20   19   18   17

○   ○   ○   ○

INSTRUCCIONES   1. Observa el conjunto de figuras. ¿Qué figura pertenece
a la misma categoría? Marca la respuesta. **(Lección 12.1)   2.** ¿Qué figura no se
apila? Marca la respuesta. **(Lección 10.1)   3.** Cuenta y di cuántas frutas hay.
Marca la respuesta. **(Lección 8.2)**

P236   doscientos treinta y seis

Álgebra • Clasificar
y contar por forma

ESTÁNDARES COMUNES CC.K.MD.3
Classify objects and count the number of
objects in each category.

1

triángulo	círculo

2

2 | triángulo | círculo | _____
  | | | - - - - - -
  | | | _____

INSTRUCCIONES **1.** Pon un triángulo verde, un círculo azul, un triángulo rojo y un círculo azul en la parte superior de la página, como se muestra. Clasifica las figuras por categoría de figura. Dibuja y colorea las figuras de cada categoría. **2.** Observa las categorías del Ejercicio 1. Cuenta cuántas hay en cada categoría. Encierra en un círculo la categoría que tenga dos figuras. Escribe el número.

Revisión de la lección (CC.K.MD.3)

1

   ○   ○   ○   ○

Repaso en espiral (CC.K.OA.3, CC.K.MD.2)

2

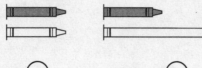

○   ○   ○   ○

3

○ 5 = 1 + 4   ○ 6 = 2 + 4

○ 5 = 2 + 3   ○ 6 = 5 + 1

INSTRUCCIONES **1.** Observa el conjunto de figuras. ¿Qué figura pertenece a la misma categoría? Marca la respuesta. **(Lección 12.2)** **2.** ¿Qué ilustración muestra que el crayón gris es más corto que el crayón blanco? Marca la respuesta. **(Lección 11.3)** **3.** ¿Qué enunciado de suma muestra un par de números que se relacione con el tren de cubos? Marca la respuesta. **(Lección 5.8)**

Álgebra • Clasificar
y contar por tamaño

ESTÁNDARES COMUNES CC.K.MD.3
Classify objects and count the number of
objects in each category.

①

pequeño

grande

②

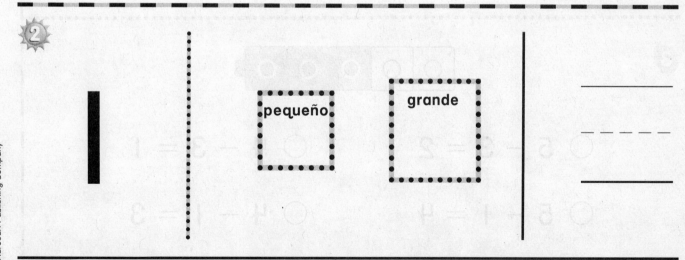

pequeño

grande

INSTRUCCIONES   1. Pon un cuadrado amarillo, un círculo azul, un rectángulo rojo y un rectángulo azul en la parte superior de la página, como se muestra. Clasifica las figuras por categoría de tamaño. Dibuja y colorea las figuras de cada categoría.   **2.** Observa las categorías del Ejercicio 1. Cuenta cuántas hay en cada categoría. Encierra en un círculo la categoría que tenga 1 figura. Escribe el número.

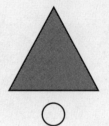
Revisión de la lección (CC.K.MD.3)

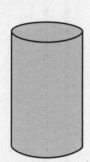

○   ○   ○   ○

Repaso en espiral (CC.K.OA.5, CC.K.G.2)

1	2	3	4
○	○	○	○

○ 5 − 3 = 2   ○ 4 − 3 = 1

○ 5 − 1 = 4   ○ 4 − 1 = 3

INSTRUCCIONES **1.** Observa el tamaño de las figuras. Marca la figura que
no pertenece. **(Lección 12.3)** **2.** ¿Cuántas superficies planas tiene el cilindro?
Marca la respuesta. **(Lección 10.4)** **3.** Sarah hace el tren de cubos que se
muestra. Ella separa el tren de cubos para mostrar cuántos cubos grises hay.
Marca el enunciado de resta que muestra el tren de cubos de Sarah. **(Lección 6.4)**

Hacer una gráfica concreta

ESTÁNDARES COMUNES CC.K.MD.3
Classify objects and count the number of objects in each category.

1

2

Círculos y triángulos					

3

INSTRUCCIONES **1.** Pon un puñado de círculos y triángulos verdes en el lugar de trabajo. Clasifica las figuras por categoría. **2.** Mueve las figuras a la gráfica. Dibuja y colorea las figuras. **3.** Escribe cuántas figuras hay de cada una.

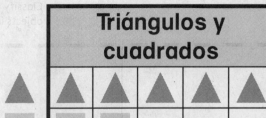
Revisión de la lección (CC.K.MD.3)

Triángulos y cuadrados

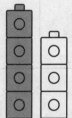

○   ○   ○   ○

Repaso en espiral (CC.K.CC.3, CC.K.MD.2)

 ②

   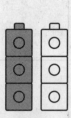   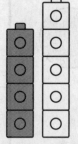

○   ○   ○   ○

③

| | | | | | 2 | | | 3 | | | 4 |

○   ○   ○   ○

INSTRUCCIONES   1. ¿Qué hilera tiene cinco figuras? Marca la respuesta. **(Lección 12.4)**
2. ¿Qué ilustración muestra que la torre de cubos grises es más baja que la torre de cubos blancos? Marca la respuesta. **(Lección 11.2)   3.** ¿Cuántas fichas cuadradas hay? Marca la respuesta. **(Lección 7.4)**

Leer una gráfica

ESTÁNDARES COMUNES CC.K.MD.3
Classify objects and count the number of
objects in each category.

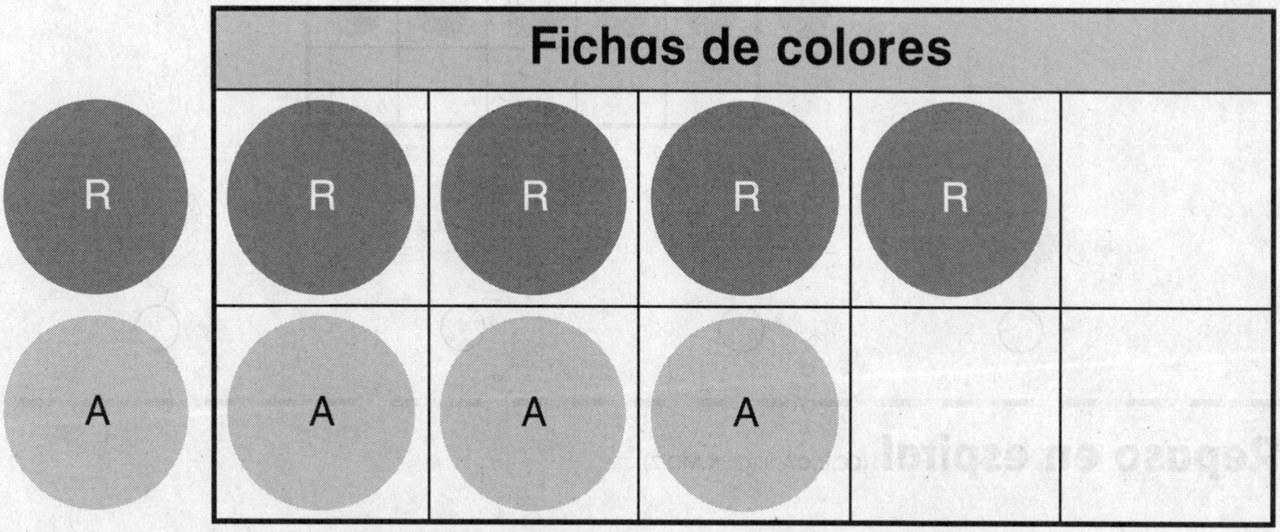

Fichas de colores

1.

2.

INSTRUCCIONES 1. Colorea las fichas para mostrar las categorías.
R es para rojo y A para amarillo. ¿Cuántas fichas hay en cada categoría?
Escribe los números. 2. Encierra en un círculo la categoría que tenga
más fichas en la gráfica.

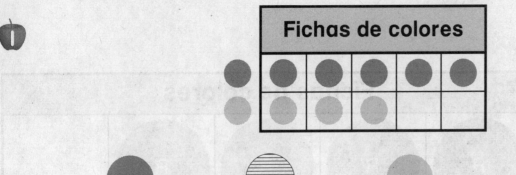
Revisión de la lección (CC.K.MD.3)

Fichas de colores

○   ○   ○   ○

Repaso en espiral (CC.K.OA.3, CC.K.MD.2)

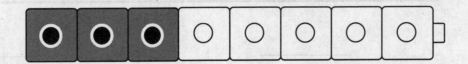

○ $7 = 3 + 4$ ○ $8 = 3 + 5$

○ $7 = 6 + 1$ ○ $8 = 6 + 2$

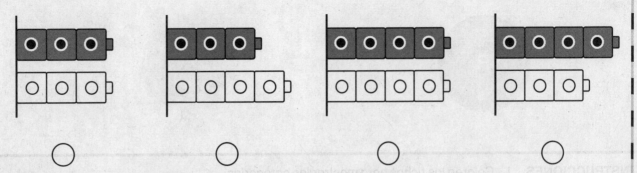

○   ○   ○   ○

INSTRUCCIONES   1. ¿Qué categoría tiene más fichas? Marca la respuesta. **(Lección 12.5)**
2. ¿Qué enunciado de suma muestra un par de números que se relacione con el tren de cubos? Marca la respuesta. **(Lección 5.10)   3.** ¿En qué ilustración el tren de cubos grises es más corto que el tren de cubos blancos? Marca la respuesta. **(Lección 11.1)**

Resolución de problemas •
Clasificar y contar

ESTÁNDARES COMUNES CC.K.MD.3
Classify objects and count the number of objects in each category.

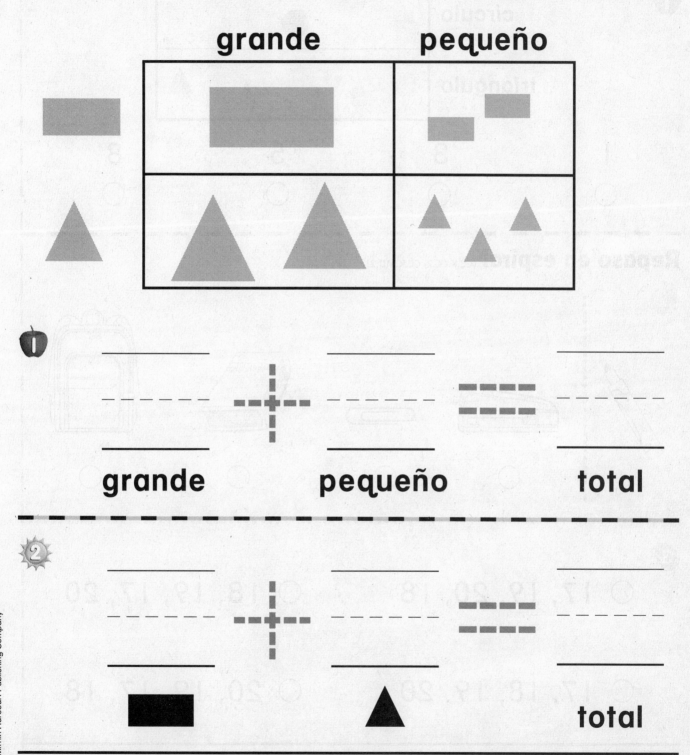

grande   pequeño

① _____ _____ _____

grande + pequeño === total

② _____ _____ _____

▬ ▲ total

INSTRUCCIONES Explica cómo están clasificadas las figuras. **1.** ¿Cuántas figuras grandes y pequeñas se muestran? Escribe y traza para completar el enunciado de suma. **2.** ¿Cuántos rectángulos y triángulos se muestran? Escribe y traza para completar el enunciado de suma.

Revisión de la lección (CC.K.MD.3)

1

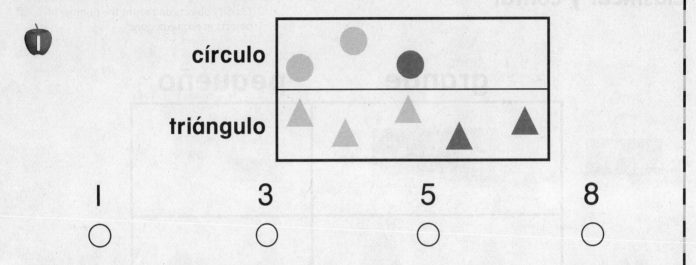

| círculo |
| triángulo |

1 ○   3 ○   5 ○   8 ○

Repaso en espiral (CC.K.CC.2, CC.K.MD.2)

2

○   ○   ○   ○

3

○ 17, 19, 20, 18   ○ 18, 19, 17, 20

○ 17, 18, 19, 20   ○ 20, 19, 17, 18

INSTRUCCIONES 1. Observa las figuras del tapete de clasificación. ¿Qué número muestra cuántos círculos y triángulos hay en total? Marca la respuesta. **(Lección 12.6) 2.** ¿Qué objeto es más liviano que el marcador? Marca la respuesta. **(Lección 11.4) 3.** ¿Qué conjunto de números está en orden? Marca la respuesta. **(Lección 8.3)**

P246 doscientos cuarenta y seis

Práctica adicional del Capítulo 12

Lecciones 12.1 a 12.3 (págs. 235 a 240)

❶

rectángulo	triángulo

②

2 | 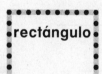 |

rectángulo | triángulo

INSTRUCCIONES 1. Pon un triángulo rojo, un rectángulo rojo, un triángulo verde, un triangulo rojo y un rectángulo azul en la parte superior de la página, como se muestra. Clasifica las figuras por categoría de figura. Dibuja y colorea las figuras de cada categoría. Observa las categorías del Ejercicio 1. Cuenta cuántas hay en cada categoría. 2. Encierra en un círculo la categoría que tenga dos figuras. Escribe el número.

Fichas de colores

R	R	R			
A	A	A	A	A	A

1

◯ _ _ _ _ _   ◯ _ _ _ _ _

2

triángulo

cuadrado

_ _ _ _ _   +   _ _ _ _ _   =   _ _ _ _ _

▲   ◼   **total**

INSTRUCCIONES 1. Colorea las fichas para mostrar las categorías. R es para rojo y A para amarillo. ¿Cuántas fichas hay en cada categoría? Escribe los números. **2.** Observa el tapete de clasificación. ¿Cómo están clasificadas las figuras? ¿Cuántos triángulos se muestran? ¿Cuántos cuadrados se muestran? Suma los dos conjuntos. Escribe los números y traza los signos para completar el enunciado de suma.

Nombre _____

Sumar una unidad

 $1 + 1 = 2$

 $2 +$ ____ ____ $=$ ____

 $3 +$ ____ ____ $=$ ____

INSTRUCCIONES 1. Coloca cubos como se muestra sobre los números. Traza los cubos. Traza para completar el enunciado de suma. **2 y 3.** Usa cubos para mostrar el número. Dibuja los cubos. Muestra y dibuja un cubo más. Completa el enunciado de suma.

Preparación para el Grado 1

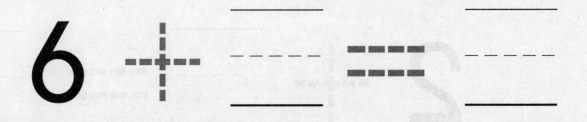
5 ┼ _____ = _____

_____

5

6 ┼ _____ = _____

_____

6

7 ┼ _____ = _____

INSTRUCCIONES **4 a 6.** Usa cubos
para mostrar el número. Dibuja los cubos.
Muestra y dibuja un cubo más. Completa
el problema de suma.

ACTIVIDAD PARA LA CASA • Muestre a
su niño un conjunto de una a nueve monedas
de 1¢. Pídale que use monedas para mostrar
cómo sumar una al conjunto. Luego pídale
que diga cuántas hay.

Sumar dos

© Houghton Mifflin Harcourt Publishing Company

INSTRUCCIONES **1.** Cuenta cuántos caracoles hay en el primer grupo. Traza los dos caracoles. Traza para completar el enunciado de suma. **2 y 3.** Cuenta cuántos caracoles hay. Escribe el número. Dibuja dos caracoles más. Completa el enunciado de suma.

_____   _____   _____

_ _ _ _ _   +   _ _ _ _ _   ===   _____

_____   _____

_____   _____   _____

_ _ _ _ _   +   _ _ _ _ _   ===   _ _ _ _ _

_____   _____

_____   _____   _____

_ _ _ _ _   +   _ _ _ _ _   ===   _ _ _ _ _

_____   _____   _____

INSTRUCCIONES 4 a 6. Cuenta
cuántos caracoles hay. Escribe el número.
Dibuja dos caracoles más. Completa el
enunciado de suma.

ACTIVIDAD PARA LA CASA • Dibuje objetos
en una columna, comenzando con un conjunto
de 1 y hasta un conjunto de 8. Pida a su niño
que dibuje dos o más objetos uno junto al otro y
escriba cuántos hay en total.

Nombre _____

Sumar en un cuadro de diez

rojo	rojo	rojo	rojo	rojo
amarillo	amarillo	amarillo	amarillo	amarillo

 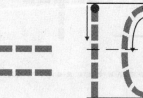

$$5 + 5 = 10$$

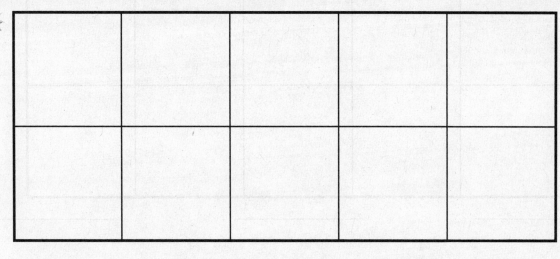

_____ + _____ = _____

© Houghton Mifflin Harcourt Publishing Company

INSTRUCCIONES 1. Coloca fichas en el cuadro de diez como se muestra. Traza el enunciado de suma. 2. Coloca algunas fichas en el cuadro de diez con el lado rojo hacia arriba. Agrega más fichas con el lado amarillo hacia arriba para completar el cuadro de diez. Completa el enunciado de suma.

Preparación para el Grado 1

doscientos cincuenta y tres **P253**

3

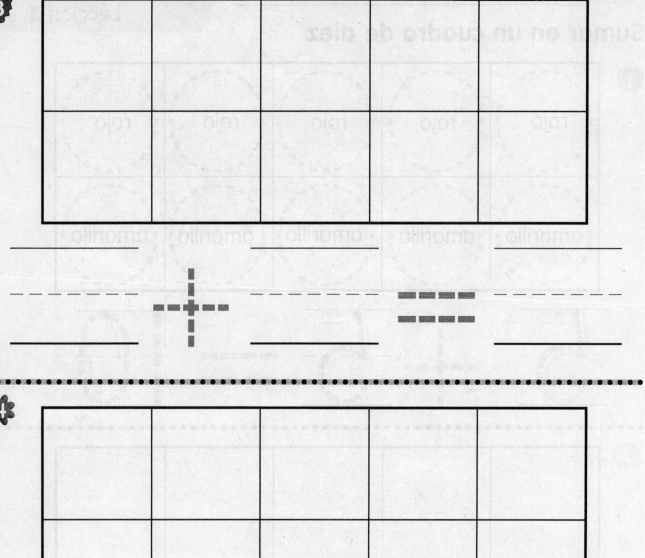

_____ _____

- - - - - ▉▉ - - - - - ▉▉▉ - - - - -

_____ _____ _____

4

_____ _____

- - - - - ▉▉ - - - - - ▉▉▉ - - - - -

_____ _____ _____

INSTRUCCIONES 3 y 4. Coloca un número diferente de fichas en el cuadro de diez con el lado rojo hacia arriba. Agrega más fichas con el lado amarillo hacia arriba para completar el cuadro de diez. Completa el enunciado de suma.

ACTIVIDAD PARA LA CASA · Dé a su niño algunos objetos domésticos, como dos tipos de botones. Pida a su niño que ordene los botones para mostrar diferentes maneras de formar 10, como 6 botones rojos y 4 botones azules. Escriba el enunciado de suma.

Parte–parte–entero

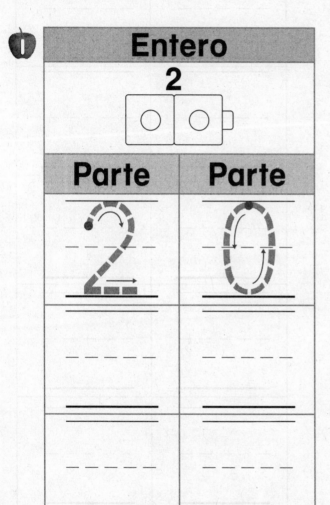

Entero	
2	
Parte	**Parte**
2	0

Entero	
3	
Parte	**Parte**

INSTRUCCIONES 1 y 2. ¿Cuántos cubos hay en total? Coloca esa cantidad de cubos en el área de trabajo. Muestra las partes que forman el entero. Completa la tabla para mostrar todas las partes que forman el entero.

Preparación para el Grado 1

③

Entero
4

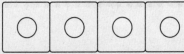

Parte	Parte
⎯⎯⎯⎯	⎯⎯⎯⎯
- - - -	- - - -
⎯⎯⎯⎯	⎯⎯⎯⎯
- - - -	- - - -
⎯⎯⎯⎯	⎯⎯⎯⎯
- - - -	- - - -
⎯⎯⎯⎯	⎯⎯⎯⎯
- - - -	- - - -
⎯⎯⎯⎯	⎯⎯⎯⎯
- - - -	- - - -
⎯⎯⎯⎯	⎯⎯⎯⎯

④

Entero
5

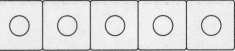

Parte	Parte
⎯⎯⎯⎯	⎯⎯⎯⎯
- - - -	- - - -
⎯⎯⎯⎯	⎯⎯⎯⎯
- - - -	- - - -
⎯⎯⎯⎯	⎯⎯⎯⎯
- - - -	- - - -
⎯⎯⎯⎯	⎯⎯⎯⎯
- - - -	- - - -
⎯⎯⎯⎯	⎯⎯⎯⎯
- - - -	- - - -
⎯⎯⎯⎯	⎯⎯⎯⎯

INSTRUCCIONES   3 y 4. ¿Cuántos cubos hay en total? Completa la tabla para mostrar todas las partes que forman el entero.

ACTIVIDAD PARA LA CASA • Pida a su niño que use botones o fideos para mostrar las diferentes partes que forman el conjunto entero de 8 (por ejemplo, 7 y 1; 6 y 2; 5 y 3, 4 y 4).

P256 doscientos cincuenta y seis

Nombre _____

Conjuntos iguales

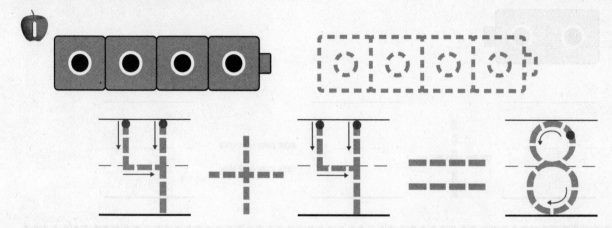

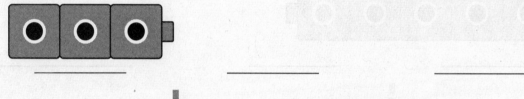

INSTRUCCIONES Cuenta los cubos. Usa cubos para formar un conjunto igual. **2.** Traza los cubos. Traza el enunciado de suma. **2 y 3.** Dibuja los cubos. Escribe y traza para completar el enunciado de suma.

Preparación para el Grado 1

4

_____ + _____ = _____

5

_____ + _____ = _____

6

_____ + _____ = _____

INSTRUCCIONES   4 a 6. Cuenta los cubos. Usa cubos para formar un conjunto igual. Dibuja los cubos. Escribe y traza para completar el enunciado de suma.

ACTIVIDAD PARA LA CASA • Pida a su niño que mantenga en alto un número igual de dedos en cada mano para mostrar conjuntos iguales. Luego pida a su niño que diga el enunciado de suma.

✓ **Revisión**

Conceptos y destrezas

4 + ___ = ___

• •

②

___ + ___ = ___

INSTRUCCIONES **1.** Usa cubos para mostrar el número. Dibuja los cubos. Muestra y dibuja un cubo más. Completa el enunciado de suma. **(págs. P249 y P250)** **2.** Coloca algunas fichas en el cuadro de diez con el lado rojo hacia arriba. Agrega más fichas con el lado amarillo hacia arriba para completar el cuadro de diez. Completa el enunciado de suma. **(págs. P253 y P254)**

3

Entero

2

Parte	Parte
2	0

  $+$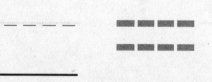

INSTRUCCIONES 3. ¿Cuántos cubos hay en total? Coloca esa cantidad de cubos en el área de trabajo. Muestra las diferentes partes que forman el entero. Completa la tabla para mostrar todas las partes que forman el entero. **(P255 y P256) 4.** Cuenta los cubos. Usa los cubos para formar un conjunto igual. Dibuja los cubos. Traza y escribe para completar el enunciado de suma. **(P257 y P258)**

P260 doscientos sesenta

Ecuaciones de suma relacionadas

 1

  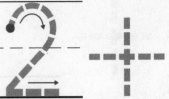

2

 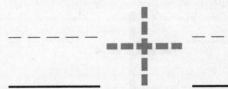

 3

INSTRUCCIONES Observa los trenes de cubos. **1.** Traza para
completar la ecuación. **2 y 3.** Traza y escribe para completar la
ecuación.

Preparación para el Grado 1

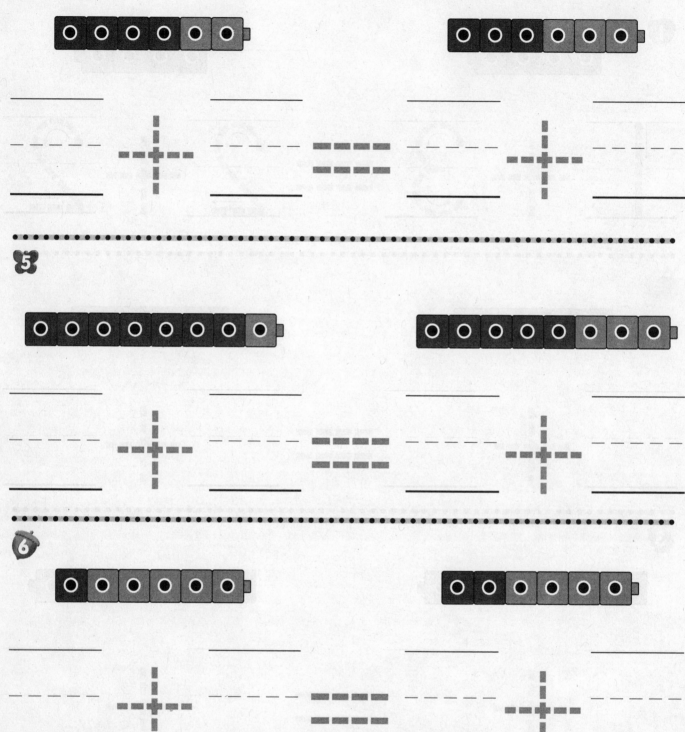

❹

───── + ───── ═ ───── + ─────

❺

───── + ───── ═ ───── + ─────

❻

───── + ───── ═ ───── + ─────

INSTRUCCIONES 4 a 6. Observa los trenes de cubos. Traza y escribe para completar la ecuación.

ACTIVIDAD PARA LA CASA • Coloque 5 monedas de 1¢ en la mesa. Pida a su niño que agrupe las monedas de 1¢ de diferentes maneras, como 3 + 2 o 4 + 1.

Nombre _____

Restar uno

$$10 - 1 = 9$$

$$9 - \underline{\hspace{2cm}} = \underline{\hspace{2cm}}$$

$$8 - \underline{\hspace{2cm}} = \underline{\hspace{2cm}}$$

INSTRUCCIONES   1. Coloca cubos en los que se muestran. Traza los cubos. Traza un círculo y una X en el cubo que se quita. Traza para completar el enunciado de resta.   **2 y 3.** Usa cubos para mostrar el número. Dibuja los cubos. Quita un cubo. Encierra en un círculo un cubo. Encierra en un círculo el cubo que quitaste y márcalo con una X. Completa el enunciado de resta.

Preparación para el Grado 1   doscientos sesenta y tres **P263**

4

7 --- ___ --- === ___ ___

5

6 --- ___ --- === ___ ---

6

5 --- ___ --- === ___ ___

INSTRUCCIONES 4 a 6. Usa cubos para mostrar el número. Dibuja los cubos. Quita un cubo. Encierra en un círculo el cubo que quitaste y márcalo con una X. Completa el enunciado de resta.

ACTIVIDAD PARA LA CASA · Pida a su niño que use juguetes para demostrar y describir el patrón numérico de los enunciados de resta de esta página.

Restar dos

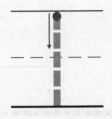

3

INSTRUCCIONES 1. Cuenta cuántos barcos hay en total. Traza un círculo y una X para mostrar los barcos que se van navegando. Traza para completar el enunciado de resta. **2 y 3.** Cuenta cuántos barcos hay en total. Escribe el número. Dos barcos se van navegando. Encierra en un círculo los barcos que se van navegando. Márcalos con una X. Completa el enunciado de resta.

4

_____

- - - - - - -   - - - - - - -
▬▬▬▬   ▬▬▬▬
_____   ▬▬▬▬   - - - - - - -

_____

5

- - - - - - -   - - - - - - -
▬▬▬▬   ▬▬▬▬
_____   ▬▬▬▬   - - - - - - -

_____

6

- - - - - - -   - - - - - - -
   ▬▬▬▬
_____   ▬▬▬▬   - - - - - - -

_____

INSTRUCCIONES   4 a 6. Cuenta
cuántos barcos hay en total. Escribe el
número. Dos barcos se van navegando.
Encierra en un círculo los barcos que se
van navegando. Márcalos con una X.
Completa el enunciado de resta.

ACTIVIDAD PARA LA CASA • Dé a su niño
cinco botones. Pida a su niño que quite dos
botones y diga cuántos quedan.

Nombre _____

Restar en un cuadro de diez

rojo	rojo	rojo	rojo	rojo
rojo	rojo	rojo	rojo	rojo

10 — 4 == 6

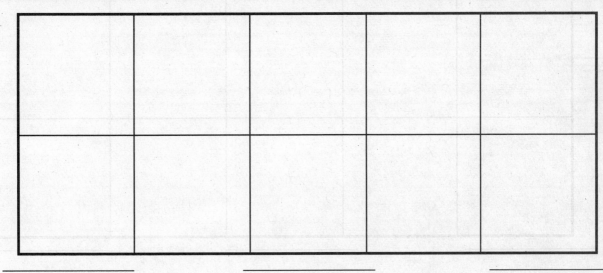

© Houghton Mifflin Harcourt Publishing Company

INSTRUCCIONES **1.** Coloca 10 fichas como se muestra en el cuadro de diez. Quita 4 fichas. Traza un círculo alrededor del conjunto de fichas que quitaste. Traza la X en ese conjunto. Traza el enunciado de resta.
2. Coloca 10 fichas en el cuadro de diez. Dibuja las fichas. Quita algunas fichas. Encierra en un círculo el conjunto de fichas que quitaste. Marca ese conjunto con una X. Completa el enunciado de resta.

Preparación para el Grado 1

3

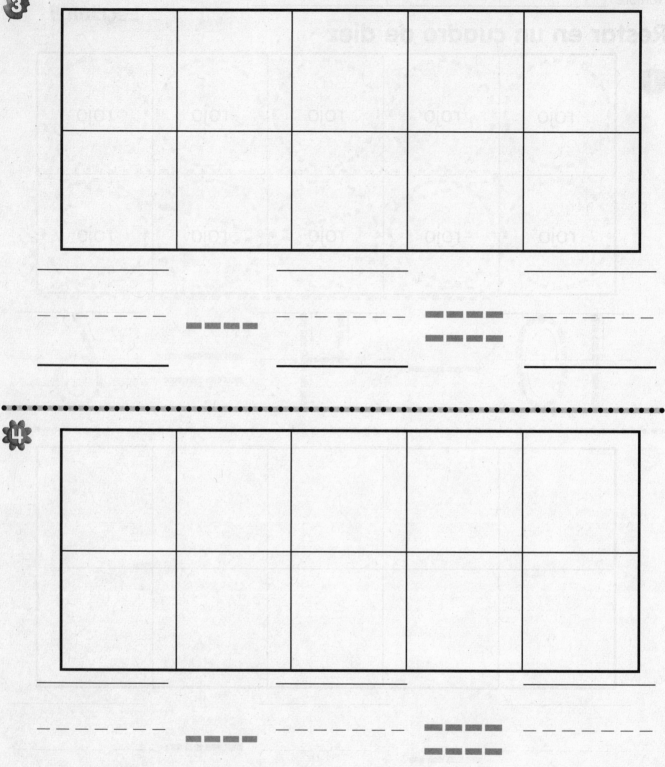

_____ _____ _____

▬▬▬▬ ▬▬▬
▬▬▬▬

_____ _____ _____

- -

4

_ _ _ _ _ _   ▬▬▬▬   _ _ _ _ _ _ _ _   ▬▬▬   _ _ _ _ _ _ _
▬▬▬▬
▬▬▬

_____ _____ _____

- -

INSTRUCCIONES   3 y 4. Coloca
10 fichas en el cuadro de diez. Dibuja
las fichas. Quita algunas fichas. Encierra
en un círculo el conjunto de fichas que
quitaste. Marca ese conjunto con una X.
Completa el enunciado de resta.

ACTIVIDAD PARA LA CASA • Dé a su niño
diez objetos domésticos, como botones. Pida
a su niño que quiten algunos objetos. Luego
pídale que diga el enunciado de resta.

P268   doscientos sesenta y ocho

Nombre _____

Álgebra: La parte que falta

1

Entero
2

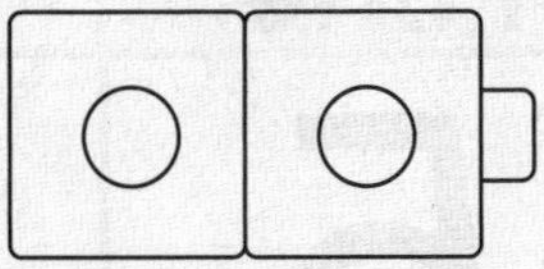

Parte	Parte
2	*0*
1	
0	

2

Entero
3

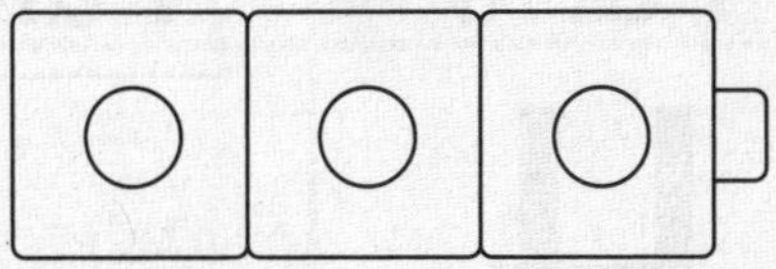

Parte	Parte
3	
2	
1	
0	

INSTRUCCIONES   1 y 2. ¿Cuántos cubos hay en total? Completa la tabla para mostrar la parte que falta para formar el entero.

Preparación para el Grado 1

3

Entero
4

Parte	Parte
4	_____
3	_____
2	_____
1	_____
0	_____

4

Entero
5

Parte	Parte
5	_____
4	_____
3	_____
2	_____
1	_____
0	_____

INSTRUCCIONES 3 y 4. ¿Cuántos cubos hay en total? Completa la tabla para mostrar la parte que falta para formar el entero.

ACTIVIDAD PARA LA CASA • Coloque 8 cucharas en la mesa. Cubra 3 cucharas. Diga a su niño que comenzó con 8 cucharas. Pídale que le diga cuántas cucharas están cubiertas.

P270 doscientos setenta

Nombre _____

Ecuaciones de resta relacionadas

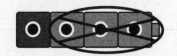

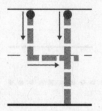 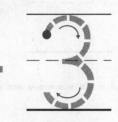 

$4 - 3 = 5 - 4$

 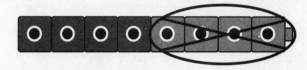

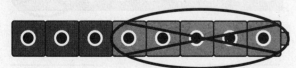 

INSTRUCCIONES Observa los trenes de cubos. **1.** Traza para completar la ecuación. **2 y 3.** Traza y escribe para completar la ecuación.

Preparación para el Grado 1

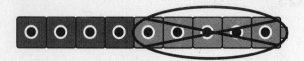

_____   _____   _____   _____

- - - - - -   ▭▭▭   - - - - - -   ▭▭▭▭   ▭▭▭
                              ▭▭▭▭

_____   _____   _____   _____

. . . .

5

_____   _____   _____   _____

- - - - - -   ▭▭▭   - - - - - -   ▭▭▭▭   ▭▭▭
                              ▭▭▭▭

_____   _____   _____   _____

. . . .

6

_____   _____   _____   _____

- - - - - -   ▭▭▭   - - - - - -   ▭▭▭▭   ▭▭▭
                              ▭▭▭▭

_____   _____   _____   _____

. . . .

INSTRUCCIONES   4 a 6. Observa
el tren de cubos. Traza y escribe para
completar la ecuación.

ACTIVIDAD PARA LA CASA • Diga una
operación de resta con una diferencia de 2.
Pida a su niño que diga otra operación de resta
con una diferencia de 2.

Nombre _____

Ecuaciones de suma y resta relacionadas

$$3 + 3 = 8 - 2$$

 $-$  $+$ ___

 $+$  $-$ ___

INSTRUCCIONES Observa los trenes de cubos. **I.** Traza para completar la ecuación. **2 y 3.** Traza y escribe para completar la ecuación.

Preparación para el Grado 1

4

_____   _____   _____   _____

- - - - -   ▬▬ ▬   - - - - -   ▬▬▬▬ ▬▬▬▬   - - - - - +   - - - - -

_____   _____   _____   _____

 5

_____   _____   _____   _____

- - - - -   ▬ ▬ ▬   - - - - -   ▬▬▬ ▬▬▬▬   - - - - - +   - - - - -

_____   _____   _____   _____

6

_____   _____   _____   _____

- - - - - +   - - - - -   ▬▬▬ ▬▬▬   - - - - -   ▬▬ ▬▬   - - - - -

_____   _____   _____   _____

INSTRUCCIONES 4 a 6. Observa los trenes de cubos. Traza y escribe para completar la ecuación.

ACTIVIDAD PARA LA CASA • Diga una operación de suma con un total de 5. Luego pida a su niño que diga una operación de resta con una diferencia de 5.

Nombre _____

Restar para comparar

 **más**

 _____  **más**

_____ **más**

INSTRUCCIONES   1. Traza las líneas para emparejar los objetos de la hilera de arriba con los objetos de la hilera de abajo. Compara los conjuntos. Traza un círculo para mostrar el conjunto con más objetos. Traza el número. **2 y 3.** Dibuja líneas para emparejar los objetos de la hilera de arriba con los objetos de la hilera de abajo. Compara los conjuntos. Encierra en un círculo el conjunto que tiene más objetos. Escribe cuántos más.

Preparación para el Grado 1

4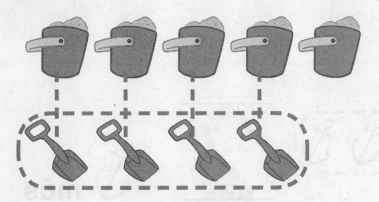

_____ menos

5

_____

_ _ _ _ _

_____ menos

6

_____

_ _ _ _ _

_____ menos

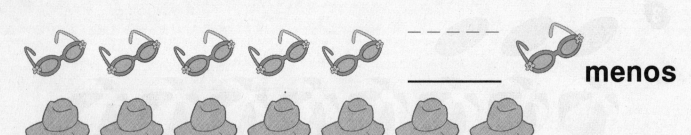

INSTRUCCIONES   4. Traza las líneas para emparejar los objetos de la hilera de arriba con los objetos de la hilera de abajo. Compara los conjuntos. Traza un círculo para mostrar el conjunto con menos objetos. Traza el número.   **5 y 6.** Dibuja líneas para emparejar los objetos de la hilera de arriba con los objetos de la hilera de abajo. Compara los conjuntos. Encierra en un círculo el conjunto que tiene menos objetos. Escribe cuántos menos.

ACTIVIDAD PARA LA CASA • Muestre a su niño una hilera de siete monedas de 1¢ y una hilera de tres monedas de 5¢. Pida a su niño que compare los conjuntos, identifique cuál tiene menos monedas y diga cuántas menos. Repita con otros conjuntos de monedas hasta diez.

P276 doscientos setenta y seis

Nombre _____

Conceptos y destrezas

2 ___

_____ =====
            ====

_____

---

2 (star)

_____ --- ===

--- === ___ ==== --- --- --- ---
            ====

_____ _____ _____

INSTRUCCIONES   1. Usa cubos para mostrar el número. Dibuja los cubos. Quita un cubo. Encierra en un círculo el cubo que quitaste y márcalo con una X. Completa el enunciado de resta. **(P263 y P264)   2.** Coloca 10 fichas en el cuadro de diez. Dibuja las fichas. Quita algunas fichas. Encierra en un círculo y marca con una X las fichas que quitaste. Completa el enunciado de resta. **(P267 y P268)**

Preparación para el Grado 1   doscientos setenta y siete **P277**

© Houghton Mifflin Harcourt Publishing Company

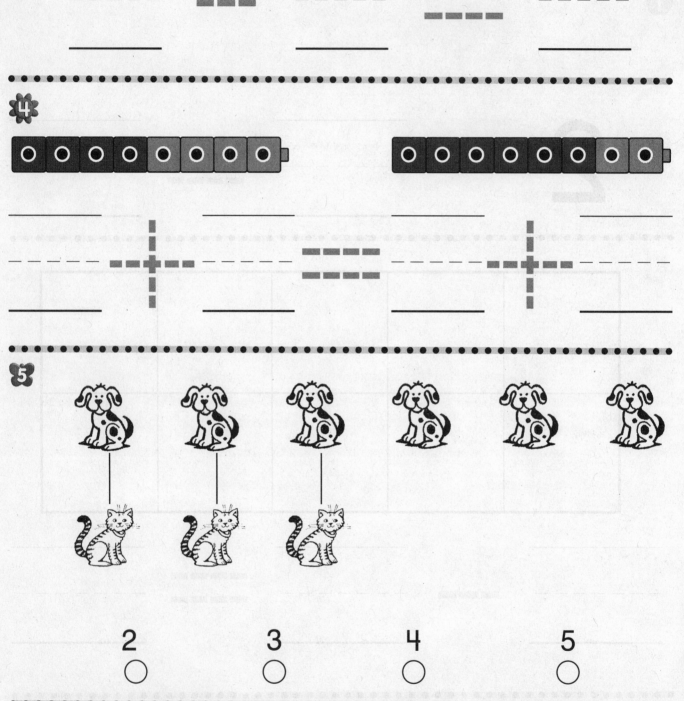

3

4

5

2 ○ 3 ○ 4 ○ 5 ○

INSTRUCCIONES **3.** Cuenta y escribe cuántos barcos hay en total. Dos barcos se van. Encierra en un círculo y marca esos barcos con una X. Completa el enunciado de resta. **(págs. P265 y P266)** **4.** Observa los trenes de cubos. Traza y escribe para completar la ecuación. **(págs. P261 y P262)** **5.** Compara los conjuntos. Marca el número que muestra cuántos perros más se muestran en el dibujo. **(págs. P275 y P276)**

P278 doscientos setenta y ocho

Manos a la obra: ¿Cuántas unidades hay?

 1

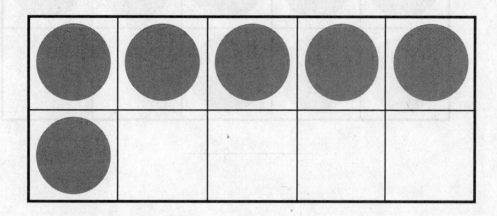

_____

- - - - - -

_____ **unidades**

 2

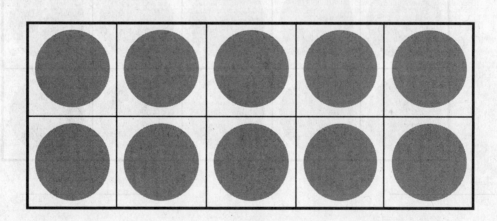

_____   _____

- - - - - -   - - - - - -

_____ **unidades** o _____ **decena**

INSTRUCCIONES Coloca fichas en las unidades que se muestran.
1. ¿Cuántas unidades hay? Escribe el número. **2.** ¿Cuántas unidades hay?
Escribe el número. ¿Cuántas decenas es eso? Escribe el número.

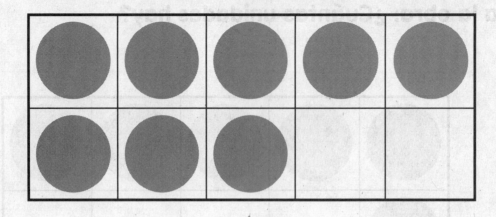

_____

_____ unidades

· ·

4

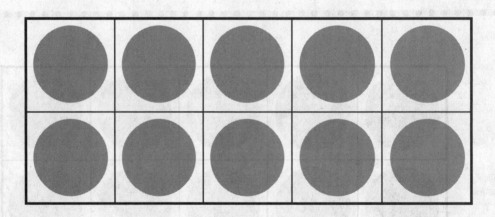

_____

_____ unidades   o   _____ decena

· ·

INSTRUCCIONES Coloca fichas en las unidades que se muestran. **3.** ¿Cuántas unidades hay? Escribe el número. **4.** ¿Cuántas unidades hay? ¿Cuántas decenas es eso? Escribe el número.

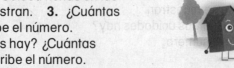

ACTIVIDAD PARA LA CASA · Coloque 10 objetos pequeños en una mesa. Pida a su niño que cuente y escriba cuántas unidades es eso. Luego pídale que escriba cuántas decenas es eso.

P280 doscientos ochenta

Nombre _____

Leer y escribir números del 20 al 30

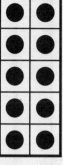

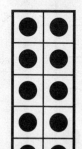

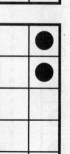 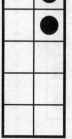

INSTRUCCIONES ¿Cuántas fichas hay? 1. Traza el número.
2 a 5. Escribe el número.

Preparación para el Grado 1

doscientos ochenta y uno P281

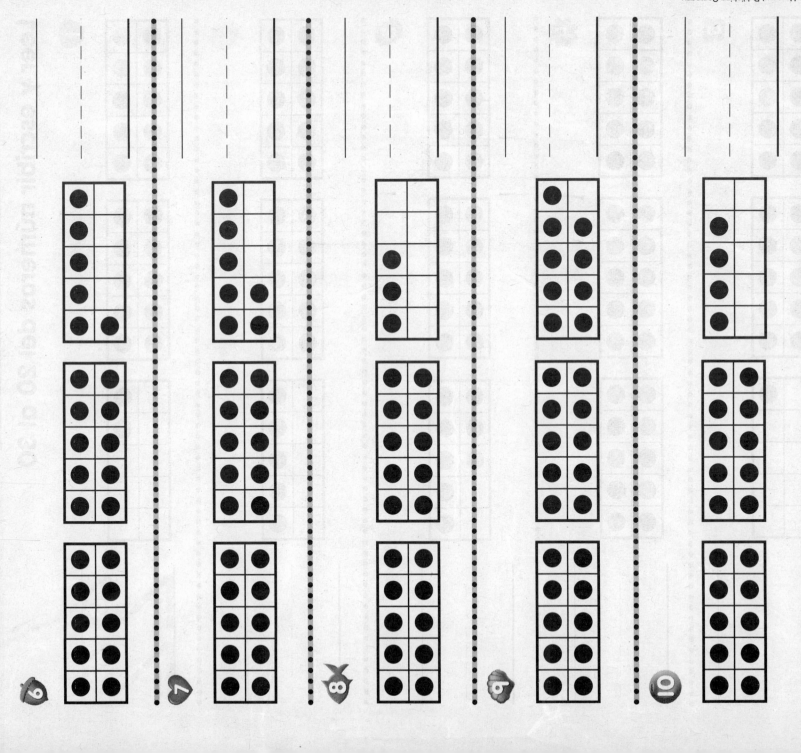

INSTRUCCIONES   6 a 10. ¿Cuántas fichas hay? Escribe el número.

ACTIVIDAD PARA LA CASA • Dé a su niño 20 a 30 clips. Pida a su niño que cuente los clips y escriba cuántos hay.

Nombre _____

Leer y escribir números del 30 al 40

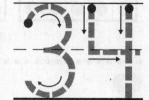

INSTRUCCIONES ¿Cuántas fichas hay? **I.** Traza el número. **2 a 5.** Escribe el número.

Preparación para el Grado I   doscientos ochenta y tres **P283**

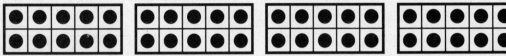

 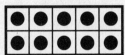 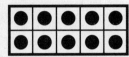

_____

_____

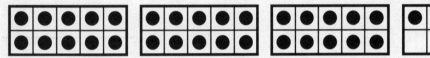

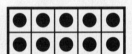  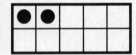

- - - - - - - - - - -

_____

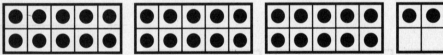

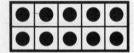  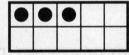

_____

_____

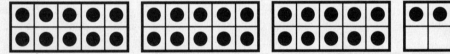

 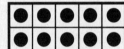 

- - - - - - - - - - -

_____

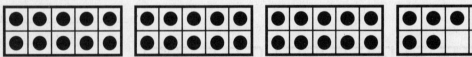

 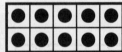 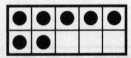

- - - - - - - - - - -

_____

INSTRUCCIONES 6 a 10. ¿Cuántas fichas hay? Escribe el número.

ACTIVIDAD PARA LA CASA · Pida a su niño que cuente pedacitos de cereales en diferentes números de 30 a 40.

Preparación para el Grado 1

Leer y escribir números del 40 al 50

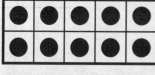  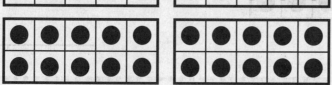

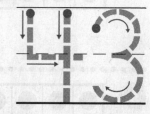

 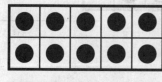  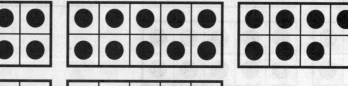 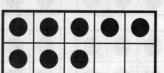 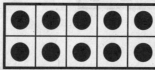

_____

- - - - - - - - - - - - -

   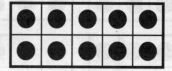

 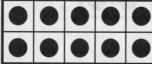

_____

- - - - - - - - - - - - -

_____

- - - - - - - - - - - - -

_____

INSTRUCCIONES ¿Cuántas fichas hay? **1.** Traza el número.
2 a 4. Escribe el número.

5

6

7

8

INSTRUCCIONES 5 a 8. ¿Cuántas fichas hay? Escribe el número.

ACTIVIDAD PARA LA CASA · Explique a su niño cómo contar cuatro conjuntos de diez pedacitos de cereales cada uno. Luego pídale que le diga cuántos cereales hay.

P286 doscientos ochenta y seis

Nombre _____

1

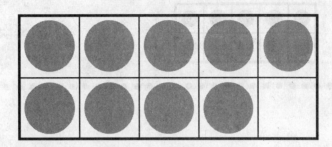

_____ unidades

2

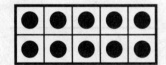   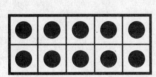   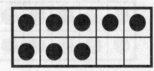

3

 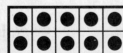 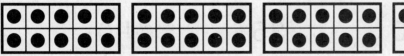 

INSTRUCCIONES **1.** ¿Cuántas unidades hay? Escribe el número.
2 y 3. ¿Cuántas fichas hay? Escribe el número.

Preparación para el Grado 1

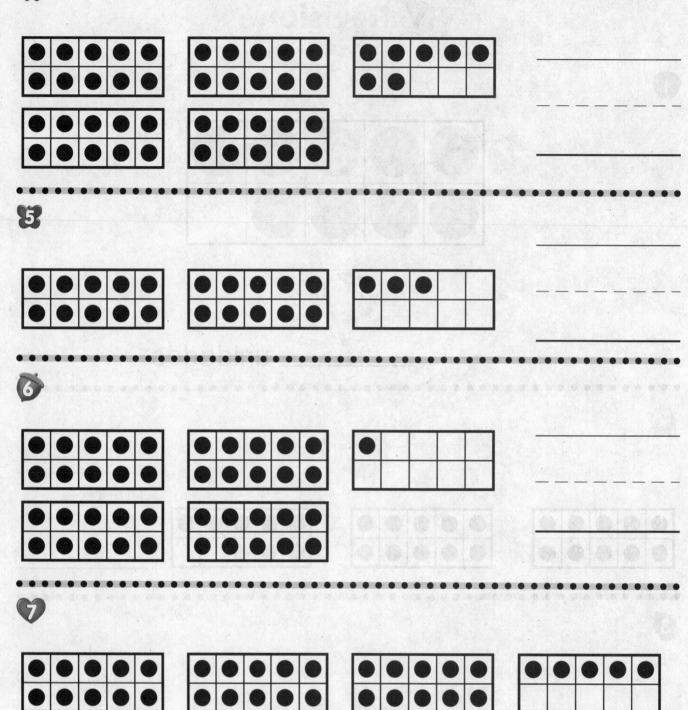

4

5

6

7

25 ○   30 ○   35 ○   40 ○

INSTRUCCIONES **4-6.** ¿Cuántas fichas hay? Escribe el número.
7. ¿Cuántas fichas se muestran? Marca el número de fichas.

P288 doscientos ochenta y ocho

Nombre _____

Los números de un reloj

1

INSTRUCCIONES   1. Traza 12 en la parte de arriba del reloj. Escribe los números 1 a 6 en orden en el reloj.

Preparación para el Grado 1

INSTRUCCIONES   2. Halla 6 en el reloj. Escribe los números 7 a 12 en orden en el reloj.

ACTIVIDAD PARA LA CASA • Pida a su niño que señale y nombre los números en un reloj analógico.

Nombre _____

Usar un reloj analógico

 1

 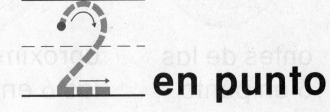 **en punto**

 2

 _____ **en punto**

 3

 _____ **en punto**

 4

 _____ **en punto**

INSTRUCCIONES **1.** Aproximadamente, ¿qué hora muestra el reloj? Traza el número. **2 a 4.** Aproximadamente, ¿qué hora muestra el reloj? Escribe el número.

Preparación para el Grado 1

antes de las
6 en punto

aproximadamente
las 6 en punto

después de
las 6 en punto

5

antes de las 2 en punto

aproximadamente
las 2 en punto

después de las 2 en punto

6

antes de las 7 en punto

aproximadamente
las 7 en punto

después de las 7 en punto

7

antes de las 1 1 en punto

aproximadamente las
7 en punto

después de las 7 en punto

INSTRUCCIONES **5 a 7.** Encierra en un círculo la hora que muestra el reloj.

ACTIVIDAD PARA LA CASA • Observe o dibuje un reloj simple. Haga a su niño preguntas como: ¿Dónde va el horario para mostrar aproximadamente las 8 en punto? ¿Y aproximadamente la 1 en punto? ¿Y aproximadamente las 4 en punto?

© Houghton Mifflin Harcourt Publishing Company

Nombre _____

Usar un reloj digital

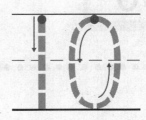 **en punto**

_____ **en punto**

_____ **en punto**

_____ **en punto**

INSTRUCCIONES   1. Traza el número de la hora en el reloj digital. Traza para mostrar otra manera de escribir la hora.   **2 a 4.** Traza el número de la hora en el reloj digital. Muestra otra manera de escribir esa hora.

Preparación para el Grado 1

_____

_ _ _ _ _ _ _

_____ **en punto**

_____

_ _ _ _ _ _ _

_____ **en punto**

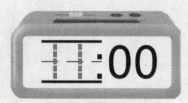

_____

_ _ _ _ _ _ _

_____ **en punto**

_____

_ _ _ _ _ _ _

_____ **en punto**

INSTRUCCIONES 5 a 8. Traza el número de la hora en el reloj digital. Muestra otra manera de escribir esa hora.

ACTIVIDAD PARA LA CASA • Pida a su niño que explique o dibuje el aspecto de un reloj digital a las 3:00.

Nombre _____

✔ Revisión

1

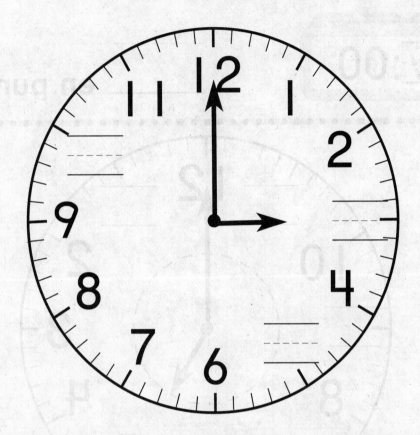

• •

2

antes de las 9 en punto

aproximadamente las 9 en punto

después de las 9 en punto

INSTRUCCIONES 1. Escribe los números que faltan en el reloj. **(págs. P289 y P290)**
2. Encierra en un círculo la hora que muestra el reloj. **(págs. P291 y P292)**

Preparación para el Grado 1   trescientos cinco **P295**

3

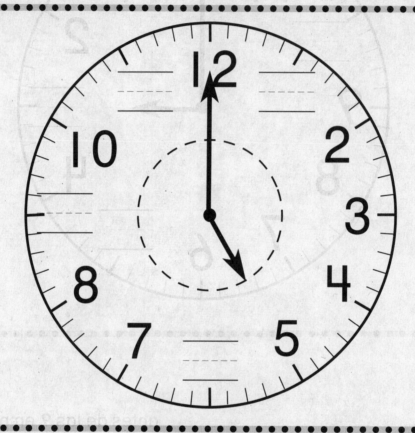

7:00

_____

_ _ _ _ _ _ _ _

_____ **en punto**

4

5

2   6   7   8

○   ○   ○   ○

INSTRUCCIONES **3.** Traza el número de la hora en el reloj. Muestra otra manera de escribir esa hora.
(págs. P293 y P294) **4.** Escribe los números que faltan en el reloj. **(págs. P289 y P290)** **5.** Marca debajo del
número que muestra aproximadamente la hora que es en el reloj. **(págs. P291 y P292)**

P296 doscientos noventa y seis